中国式现代化研究丛书

张东刚　刘　伟　总主编

GZC 高校主题出版

2022 GAOXIAO ZHUTI CHUBAN

以双循环战略转型为契机加速构建新发展格局

刘元春　范志勇 ◎ 著

中国人民大学出版社

· 北京 ·

以中国式现代化
全面推进中华民族伟大复兴

  历史总是在时代浪潮的涌动中不断前行。只有与历史同步伐、与时代共命运的人，敢于承担历史责任、勇于承担历史使命的人，才能赢得光明的未来。习近平总书记在党的二十大报告中庄严宣示："从现在起，中国共产党的中心任务就是团结带领全国各族人民全面建成社会主义现代化强国、实现第二个百年奋斗目标，以中国式现代化全面推进中华民族伟大复兴。"这一重要宣告不仅明确了新时代新征程赋予党和人民的中心任务，而且明确了新时代全面推进中华民族伟大复兴的方向和道路，对于全面建成社会主义现代化强国、实现中华民族伟大复兴具有重要指导意义。

  现代化是人类社会发展到一定历史阶段的必然产物，是社会基本矛盾运动的必然结果，是人类文明发展进步的显著标志，也是世界各国人民的共同追求。实现国家现代化是鸦片战争后中国人民孜孜以求的目标，也是中国社会发展的客观要求。从 1840 年到 1921 年的 80 余年间，无数仁人志士曾为此进行过艰苦卓绝的探索，甚至付出了血的代价，但均未成功。直到中国共产党成立后，中国的现代化才有了先进的领导力量，才找到了正确的前进方向。一百多年来，中国共产党团结带领中国人民所进行的一切奋斗都是围绕着实现中华民族伟大复兴这一主题展开的，中国式现代化是党团结带领全国人民实现中华民族伟大复兴的实践形态和基本路径。中国共产党百年奋斗的历史，与中国式现代化开创拓展的历史，以及实现中华民族伟大复兴的奋斗史是内在统一的，内蕴着中国式现代化的历史逻辑、理论逻辑和实践逻辑。

一个时代有一个时代的主题，一代人有一代人的使命。马克思深刻指出："人们自己创造自己的历史，但是他们并不是随心所欲地创造，并不是在他们自己选定的条件下创造，而是在直接碰到的、既定的、从过去承继下来的条件下创造。"中国式现代化是中国共产党团结带领中国人民一代接着一代长期接续奋斗的结果。在新民主主义革命时期，党团结带领全国人民浴血奋战、百折不挠，推翻了三座大山的压迫，建立了人民当家作主的新型制度，实现了民族独立、人民解放，提出了推进中国式现代化的一系列创造性设想，为实现中华民族伟大复兴创造了政治前提、社会基础等重要社会条件。在社会主义革命和建设时期，党团结带领人民自力更生、发愤图强，进行社会主义革命，推进社会主义建设，确立社会主义基本制度，完成了中华民族有史以来最广泛而深刻的社会变革，提出并积极推进"四个现代化"的目标任务，在实现什么样的现代化、怎样实现现代化的重大问题上作了宝贵探索，积累了宝贵经验，为实现中华民族伟大复兴奠定了根本政治前提和制度基础。在改革开放和社会主义现代化新时期，党团结带领人民解放思想、锐意进取，实现了新中国成立以来党的历史上具有深远意义的伟大转折，确立党在社会主义初级阶段的基本路线，坚定不移推进改革开放，开创、坚持、捍卫、发展中国特色社会主义，在深刻总结我国社会主义现代化建设正反两方面经验基础上提出了"中国式的现代化"的命题，提出了"建设富强、民主、文明的社会主义现代化国家"的目标，制定了到 21 世纪中叶分三步走、基本实现社会主义现代化的发展战略，让中国大踏步赶上时代前进步伐，为实现中华民族伟大复兴提供了充满新的活力的体制保证和快速发展的物质条件。进入中国特色社会主义新时代，以习近平同志为核心的党中央团结带领人民自信自强、守正创新，统筹中华民族伟大复兴战略全局和世界百年未有之大变局，统筹推进"五位一体"总体布局、协调推进"四个全面"战略布局，在实现第一个百年奋斗目标基础上，明确了实现第二个百年奋斗目标的战略安排，作出了"新两步走"的战略部署，擘画了实现中国式现代化的宏伟蓝图，吹响了以中国式现代化全面推进中华民族伟大复兴的新时代号角，党和国家事业取得历史性成就、发生历史性变革，大大推进和拓展了中国式现代化，为实现中华民族伟大复兴提供了更为完善的制度保证、更为坚实的物质基础、更为主动的精神力量。

思想是行动的先导，理论是实践的指南。毛泽东同志深刻指出："自从中国人学会了马克思列宁主义以后，中国人在精神上就由被动转入主动。"中国共产党是为中国人民谋幸福、为中华民族谋复兴的人民性和使命型政党，也是由科学社会主义理论武装起来的学习型政党。中国共产党的百年奋斗史，在一定程度上也是马克思主义中国化时代化的历史，"中国共产党为什么能，中国特色社会主义为什么好，归根到底是马克思主义行，是中国化时代化的马克思主义行"。一百多年来党团结带领人民在中国式现代化道路上推进中华民族伟大复兴的历程，始终是在马克思主义现代化思想和中国化时代化的马克思主义现代化理论指导下进行的。中国式现代化是马克思主义理论逻辑和中国社会发展历史逻辑的辩证统一，是根植于中国大地、反映中国人民意愿、适应中国和时代发展进步要求的现代化。中国化时代化的马克思主义是中国共产党团结带领人民在百年奋斗历程中的思想理论结晶，包含了全面实现中国式现代化的指导思想、目标任务、重大原则、领导力量、依靠力量、制度保障、发展道路、发展动力、发展战略、发展步骤、发展方式、发展路径、发展环境、发展机遇以及方法论原则等十分丰富的内容，其中习近平总书记关于中国式现代化的重要论述全面系统地回答了中国式现代化的指导思想、目标任务、基本特征、本质要求、重大原则、发展方向等一系列重大问题，是新时代推进中国现代化的理论指导和行动指南。

大道之行，壮阔无垠。一百多年来，党团结带领人民百折不挠，砥砺前行，以中国式现代化全面推进中华民族伟大复兴，用几十年时间走过了西方发达国家几百年走过的现代化历程，在经济实力、国防实力、综合国力和国际竞争力等方面均取得巨大成就，国内生产总值稳居世界第二，中华民族伟大复兴展现出灿烂的前景。习近平总书记在庆祝中国共产党成立100周年大会上的讲话中指出："我们坚持和发展中国特色社会主义，推动物质文明、政治文明、精神文明、社会文明、生态文明协调发展，创造了中国式现代化新道路，创造了人类文明新形态。"在一定程度上说，党团结带领人民开创和拓展中国式现代化的百年奋斗史，就是全面推进中华民族伟大复兴的历史，也是创造人类文明新形态的历史。伴随着从站起来、富起来到强起来的伟大飞跃，中华民族必然会迎来中华文明的再次伟大复兴，创造人类文明新形态。

从国家蒙辱到国家富强、从人民蒙难到人民安康、从文明蒙尘到文明复兴，体现了在中国共产党领导下中国社会和人类社会、中华文明和人类文明发展的内在关联和实践逻辑，构成了近代以来中华民族发展变迁的一条逻辑线索。中国共产党在不同历史时期推进中国式现代化的实践史，勾勒了中国共产党百年持续塑造人类文明新形态的历史画卷。人类文明新形态是党团结带领人民独立自主地持续探索具有自身特色的革命、建设和改革发展道路的必然结果,是马克思主义现代化思想、世界现代化普遍特征、中华优秀传统文明成果和中国具体实际相结合的产物,是中国共产党百年持续推动现代化建设实践的结晶。人类文明新形态既不同于崇尚资本至上、见物不见人的资本主义文明形态,也不同于苏联东欧传统社会主义的文明模式,是中国共产党对人类文明发展作出的原创性贡献,它把中国特色和世界普遍性特征相统一,既是中华文明的新样态,也是人类文明的新形式,站在了真理和道义的制高点上,回答了"中华文明向何处去、人类文明向何处去"的重大问题,回答了中国之问、世界之问、人民之问、时代之问,是党和人民对世界文明的重大贡献。人类文明新形态必将随着中国式现代化的持续全面推进而不断丰富发展。

胸怀千秋伟业,百年只是序章。习近平总书记强调:"一个国家、一个民族要振兴,就必须在历史前进的逻辑中前进、在时代发展的潮流中发展。"道路决定命运,旗帜决定方向。今天,我们比历史上任何时期都更接近、更有信心和能力实现中华民族伟大复兴的目标。然而,我们必须清醒地看到,像中国这样人口规模巨大的国家,实现现代化并非易事,任务之艰巨、困难之多、矛盾之复杂,世所罕见、史所罕见。当前,世界百年未有之大变局和世纪疫情交织叠加,各种安全挑战层出不穷,世界经济复苏步履维艰,全球发展遭遇严重挫折,使推进中国式现代化面临巨大挑战,也迎来巨大机遇。基于此,以中国化时代化的马克思主义为指导,坚持目标导向和问题导向相结合,以"现代化"为关键词,理顺社会主义现代化发展的历史经验、理论逻辑、实践问题、未来方向之间的关系,全方位、多角度解读中国式现代化从哪来、怎么走、何处去的问题,就具有重大而深远的意义。

中国人民大学作为中国共产党亲手创办的第一所新型正规大学，始终与党同呼吸、共命运，服务党和国家重大战略需要和决策是义不容辞的责任与义务。基于在哲学社会科学领域"独树一帜"的学科优势，我们凝聚了一批高水平哲学社会科学研究团队，以习近平新时代中国特色社会主义思想为指导，以中国式现代化的理论与实践为研究对象，组织策划了这套"中国式现代化研究丛书"。"丛书"旨在通过客观深入的解剖，为构建完善中国式现代化体系添砖加瓦，推动更高起点、更高水平、更高层次的改革开放和现代化体系建设，服务于释放更大规模、更加持久、更为广泛的制度红利，激活经济、社会、政治等各个方面良性发展的内生动力，在高质量发展的基础上，全面建成社会主义现代化强国、实现中华民族伟大复兴。"丛书"既从宏观上研究中国式现代化的历史逻辑、理论逻辑和实践逻辑，又从微观上研究中国各个领域的现代化问题；既深入研究关系中国式现代化和民族复兴的重大问题，又积极探索关系人类前途命运的重大问题；既继承弘扬中国改革开放和现代化进程中的基本经验，又准确判断中国式现代化的未来发展趋势；既对具有中国特色的国家治理体系和治理能力现代化进行深入总结，又对中国式现代化的未来方向和实现路径提出可行建议。

展望前路，我们要牢牢把握新时代新征程的使命任务，坚持和加强党的全面领导，坚持中国特色社会主义道路，坚持以人民为中心的发展思想，坚持深化改革开放，坚持发扬斗争精神，自信自强、守正创新、踔厉奋发、勇毅前行，以伟大的历史主动精神为全面建成社会主义现代化强国、实现中华民族伟大复兴作出新的更大贡献！

前　言

以习近平同志为核心的党中央提出"加快形成以国内大循环为主体、国内国际双循环相互促进的新发展格局"，具有坚实的历史基础、理论基础和实践基础，是党中央顺应时代要求做出的战略部署，是我国步入高质量发展阶段、解决新时期面临的各种中长期问题的重要战略举措。习近平总书记在党的二十大报告中指出，到二〇三五年，我国要"建成现代化经济体系，形成新发展格局，基本实现新型工业化、信息化、城镇化、农业现代化"。

20世纪70年代末，我国开启市场化改革，构建外向型经济模式，取得了持续40多年经济高速增长的奇迹。特别是中国加入世界贸易组织（WTO）之后，随着贸易开放度不断提高，我国经济一度实现两位数的增长速度。进入21世纪之后，随着经济全球化进程出现新变化，依赖国际大循环的出口导向发展战略难以适应新的要求。一方面，世界经济"长期停滞"现象明显，总需求不足现象日益加剧。全球经济呈现"低增长、低通胀、低利率"（三低）和"高杠杆率"（一高）特征。单纯依靠几个国家的扩张性经济政策难以起到复苏世界经济的作用。另一方面，逆全球化思潮推动贸易保护主义盛行。美国在特朗普总统执政时期，对主要的贸易伙伴发动了贸易摩擦甚至关税战争。除此之外，西方发达国家对我国高技术领域的封锁、脱钩甚至遏制政策不断加码。

随着经济全球化红利的递减以及全球竞争的加剧，中国必须对原有的模式进行调整。中国需要将经济发展的动能从"出口—投资"驱动模式转向"内需—创新"驱动模式。随着科技领域"卡脖子"问题越来越紧迫，中国的科技发展必须向自主创新模式转变。使国内市场和国际市场更好联通，更好利用国内国际两个市场、两种资源，要求我们逐步转向以国内大循环为主体、国内国际双循环相互促进的新发展格局，实现更加强劲可持续的发展。

中国经济过去 40 多年的发展已经为全面建立以国内大循环为主体、国内国际双循环相互促进的新发展格局奠定了坚实的供给基础、需求基础和制度基础。在供给层面，中国是全世界唯一拥有联合国产业分类中所列全部工业门类的国家，同时专利申请量位居世界前列。在需求层面，中国拥有超大规模的市场，不仅拥有世界最大的人口规模，而且拥有世界最大的中等收入人群，社会消费品零售总额和进出口总额都位居世界前列。在制度层面，市场在资源配置中起到了决定性作用，政府作用得到更好发挥，全国大市场也在各类基础性改革、供给侧结构性改革和营商环境的持续优化下运转畅通。相对稳定、相对独立、富有效率的国内经济大循环已经成为中国经济的基本盘。

除了经济方面的因素之外，形成新发展格局，还有更为深层的考虑。面对国际形势的不稳定性和不确定性，我们需要在发展的同时增强安全的维度，更好统筹发展与安全。《中共中央关于制定国民经济和社会发展第十四个五年规划和二〇三五年远景目标的建议》强调"实现发展质量、结构、规模、速度、效益、安全相统一"。从人类历史上的经验来看，我们要构建安全、可控、富有弹性韧性的经济体系，就必须以内为主，在动荡复杂的世界体系中建立稳固的基本盘。适应我国社会主要矛盾发展变化带来的新特征新要求，我们需要在发展中解决深层次的不平衡不充分问题，既要持续以供给侧结构性改革为主线，疏通国内经济大循环的断点和堵点，也要把握扩大内需这个战略基点，满足人们的美好生活需要，为国内国际双循环的新发展格局寻找到持续、安全、高效、稳定的动力源和支撑面。

历史经验表明，大国经济在发展过程中，没有强大的内部经济循环体系，就难以形成不断改进的竞争力、驾驭全球资源配置的能力。新冠肺炎疫情暴发之后，中国率先在疫情防控常态化背景下复苏经济，这既提供了时间窗口，也节省了战略转换成本。加快形成新发展格局，中国经济将不断激发新优势，乘风破浪、行稳致远。未来五年是全面建设社会主义现代化国家开局起步的关键时期，其中最主要的任务之一是经济高质量发展取得新突破，科技自立自强能力显著提升，构建新发展格局和建设现代化经济体系取得重大进展。

通过本书的创作，我们希望加深对新发展格局和双循环战略问题的研究。本书共包含六章。第一章介绍新发展格局的含义及理论基础。新发展格局是在全球经济形势急剧变化，原有发展格局难以满足我国高质量发展要求的背景下提出的，旨在解决我国经济发展中不平衡不充分的问题。这内生决定了新发展格局是一种"整体发展格局"，是一种"改革深化格局"和"风险防范格局"。新发展格局的战略支撑是创新引领，战略目标是现代化经济体系。

第二章总结新发展格局的时代背景。进入21世纪之后，随着经济全球化进程出现新变化，依赖国际大循环的出口导向发展战略难以适应新的要求。经济全球化红利的递减以及全球竞争的加剧，使中国必须对原有的模式进行调整。中国需要将经济发展的动能从"出口—投资"驱动模式转向"内需—创新"驱动模式。随着科技领域"卡脖子"问题越来越紧迫，中国的科技发展必须向自主创新模式转变。

第三章着重研究双循环与新发展格局的关系。加快构建以国内大循环为主体、国内国际双循环相互促进的新发展格局，是"十四五"规划提出的重大战略任务。双循环战略是加速形成新发展格局的战略抓手，双循环相互促进是新发展格局的基本特征。

第四章和第五章分别从供给和需求两个角度研究如何推动加快建成新发展格局。构建新发展格局的关键和战略支撑在于创新，创新驱动和引领是构建新发展格局的根本功能。构建新发展格局的方式和路径，重点在于必须以扩大内需为战略基点，同时以深化供给侧结构性改革为战略方向。供给侧结构性改革直接影响生产端，包括微观企业、产业（行业）和宏观意义上的国民经济生产体系，直接涉及效率。要以深化供给侧结构性改革为主线切中转变发展方式的根本。要构建新发展格局，国内大循环的畅通至关重要。要按照构建新发展格局的内在要求，做强国内市场，贯通生产、分配、流通、消费各环节，打破行业垄断和地方保护，促进国民经济实现良性循环；实现上下游、产供销有效衔接，促进农业、制造业、服务业、能源资源等产业门类关系协调。

第六章提出以全球规则和公共品供给为突破口加快构建新开放格局。伴随着国际金融危机以来世界经济发展环境的快速变化，逆全球化出现，新兴经济体竞争加剧，以及大国经济博弈下科技创新在经济发展中重要性凸显，我国在国际大循环中面临更多的风险和困难，迫切需要重塑国际合作和竞争新优势的新格局。新发展格局以国内大循环为主体，并不意味着不重视对外开放，也不意味着要挤压或放弃国际大循环，而是从我国国情出发，遵循大国经济发展规律，以国内分工和技术创新的发展推动国际分工和国际技术创新的发展。

目　录

第一章

新发展格局的含义及理论基础

唯物主义历史观告诉我们，社会生产力发展与生产关系变革之间的矛盾运动是历史发展和时代变迁的基本动力。在这一矛盾运动的过程中，不同时代历史发展的形态需要具有相应历史发展的生产力基础，生产力基础决定并规定相应的生产关系及其变革；在这种生产力与生产关系矛盾运动形成的社会经济基础上，形成并推动一定社会上层建筑的演变。根据这种历史演变的特征，可以对人类文明历史时代形态演变过程做出历史性的划分。根据这种时代观和方法论，无论是人类历史的基本形态的划分，还是在基本形态下的不同时代阶段性的划分，均首先要从社会存在和发展的客观条件变化出发，即从生产力与生产关系、经济基础与上层建筑的矛盾运动特征出发，进而认识一定社会历史形态和时代的社会基本矛盾和主要矛盾的变化，把握历史时代的基本特征和中心问题，而后才能确定自己的发展道路及制定自己的策略。

习近平总书记在党的十九大报告中科学运用马克思列宁主义的辩证唯物史观和方法，对中国特色社会主义的历史进程做出了新的科学阐释，他指出："经过长期努力，中国特色社会主义进入了新时代，这是我国发展新的历史方位。"这一判断建立在深刻准确剖析我国生产力与生产关系、经济基础与上层建筑矛盾运动客观条件发生的变化，特别是经过近 40 年的改革开放，自党的十八大以来日益清晰体现出来的各方面历史变化的基础上。这种深刻的历史变化具有极其深刻的意义，意味着中华民族迎来了从站起来、富起来到强起来的伟大飞跃，这一伟大飞跃是对发展中国家走向现代化途径的创造性拓展。这种深刻的历史变化使中国特色社会主义事业的时代使命和基本命题发生了新的改变，新时代成为决胜全面小康进而实现现代化的时代，是逐步实现全体人民共同富裕的时代，是我国日益走近世界舞台中央的时代。这种深刻的历史变化的集中体现，在于"我国社会主要矛盾已经转化为人民日益增长的美好生活需要和不平衡不充分的发展之间的矛盾"，这种主要矛盾的转化是关系中国特色社会主义事业全面发展的历史性变化，对我国的社会经济结构发展提出了新的历史性要求，相应地需要制定一系列新方略①。

第一节
新发展格局的基本含义

一、新发展格局概念提出的背景

新发展格局是在全球经济形势急剧变化、原有发展格局难以满足我国高质量发展要求的背景下提出的，旨在解决我国经济发展中不平衡不充分的问题。这内生决定了新发展格局是一种"整体发展格局"，其战略实质是"供求动态平衡"。现阶段，我国面临着传统增长模式难以为继和经济风险加剧的压力，客观上决定了新发展格局是一种"改革深化格局"和"风险防范格局"。新发展格局的战略支撑是创新引领，战略基点是扩大内需，战略方向是深入推进供给侧结构性改革，战略重点是"一带一路"，

---

① 刘伟. 中国特色社会主义新时代与新发展理念. 前线，2017（11）：127-133.

战略突破口是区域改革开放新高地，战略目标是现代化经济体系。我国正处于在第一个百年目标实现基础上开启第二个百年目标新征程的新起点上，应统筹"两个大局"，这历史性地决定了新发展格局是一种"目标导向格局"，其根本目的是实现中华民族近代以来最伟大的梦想，实现中华民族的伟大复兴，实现中国特色社会主义基本纲领①。

改革开放以来，我国经济社会发展取得了举世瞩目的成就，但在新时期面临着新的发展困境和新的挑战，特别是面对新时代对经济高质量发展的需求，传统发展格局和增长模式的局限日益凸显。

（一）传统增长难以为继

在原有发展格局下，传统增长模式不可持续，难以满足高质量发展需要。伴随过去 40 多年的经济增长，我国经济总量已经跃居世界第二，出口贸易总额位居世界第一，步入经济大国行列。习近平总书记在 2014 年就指出："必须清醒地看到，我国经济规模很大、但依然大而不强，我国经济增速很快、但依然快而不优。主要依靠资源等要素投入推动经济增长和规模扩张的粗放型发展方式是不可持续的"②。

从国际竞争环境看，在过去的 40 多年中，我国凭借工业成本优势推动中国制造全球地位的确立，但"老是在产业链条的低端打拼，老是在'微笑曲线'的底端摸爬，总是停留在附加值最低的制造环节而占领不了附加值高的研发和销售这两端，不会有根本出路"③。同时，随着近年来劳

---

① 刘伟，刘瑞明. 新发展格局的本质特征与内在逻辑. 宏观经济管理，2021（4）：7-14.
② 习近平. 在中国科学院第十七次院士大会、中国工程院第十二次院士大会上的讲话. 人民日报，2014-06-10.
③ 中共中央文献研究室. 习近平关于科技创新论述摘编. 北京：中央文献出版社，2016：26.

动力成本上升和资源环境压力不断增大，我国制造业传统成本优势不复存在，曾支撑我国经济快速增长的出口加工贸易逐渐由东南沿海转向劳动力和环境成本更低的东南亚国家。特别是随着发达国家制造业回流的趋势不断明显，我国工业发展面临的国际竞争压力迅速增大。传统粗放式增长模式对外依赖较大、经济结构失衡、潜在风险加大等问题长期以来未能得到实质性解决，逐渐积累加深，并伴随着外部压力增大，日益成为束缚经济发展的突出矛盾。

从国内经济结构看，过去粗放式发展模式积累了大量结构性问题，包括产业结构、动力结构、收入分配结构、城乡与区域结构等方方面面。"在经济结构、技术条件没有明显改善的条件下，资源安全供给、环境质量、温室气体减排等约束强化，将压缩经济增长空间。"① 经济增长空间的压缩表明，传统数量型高速增长模式不可持续，在这种情况下，亟须重塑新发展格局，转变发展方式，推动经济高质量发展。

从国内外经济形势的变化看，打通国内大循环，促进国内外循环协同发展，构建新发展格局，是大势所趋。"当前经济形势仍然复杂严峻，不稳定性不确定性较大，我们遇到的很多问题是中长期的，必须从持久战的角度加以认识，加快形成以国内大循环为主体、国内国际双循环相互促进的新发展格局，建立疫情防控和经济社会发展工作中长期协调机制，坚持结构调整的战略方向，更多依靠科技创新，完善宏观调控跨周期设计和调节，实现稳增长和防风险长期均衡。"②

---

① 习近平.关于《中共中央关于制定国民经济和社会发展第十三个五年规划的建议》的说明. 人民日报，2015-11-04.

② 中共中央政治局召开会议决定召开十九届五中全会分析研究当前经济形势和经济工作 中共中央总书记习近平主持会议.人民日报，2020-07-31.

（二）世界形势发生变化

良好的国际经济环境和经济全球化的浪潮是改革开放后推动我国经济增长的重要条件。伴随着 2008 年国际金融危机以来世界经济发展环境的快速变化，逆全球化出现，新兴经济体竞争加剧，以及大国经济博弈下科技创新在经济发展中重要性凸显，我国在国际大循环中面临更多的风险和困难，迫切需要重塑国际合作和竞争新优势的新格局。

纵观历史，我国以投资拉动经济增长的模式与经济全球化的浪潮紧密联系在一起。从 20 世纪 80 年代开始，经济全球化的趋势开始进入加速时期，我国的改革开放正好顺应了全球化浪潮，而庞大的人口和市场规模也吸引着发达国家的潜在投资者。

正是在全球化浪潮兴起的背景下，我国的改革开放和经济社会发展与西方发达国家的利益矛盾尚未充分显现。2001 年，成功加入世界贸易组织（WTO）以及中美贸易发展合作框架协议签订，使我国经济发展的外部环境趋好。改革开放与经济全球化浪潮兴起的需求一致，为我国经济的快速腾飞提供了较宽松的国际环境。我国通过吸引外资弥补国内资本不足的缺陷，通过对外贸易驱动国内工业发展，通过引进技术进而在干中学中促进技术升级。一系列有利于我国开放发展的世界经济环境为我国扩大投资、经济增长提供了供给和需求方面的支持，也是我国传统经济模式创造"中国奇迹"的重要条件所在。

但是，2008 年国际金融危机以来，世界经济发展环境发生显著变化。"一些国家政策内顾倾向加重，保护主义抬头，'逆全球化'思潮暗流涌动。"① 逆全球化改变了改革开放以来我国投资驱动的外向型经济增长模式的生存环境。一方面，国际经济秩序发生新变化。以美国为首的发达国家经济复苏缓慢，新兴经济体经济发展水平不断提升，迫使发达国家转变其全球化经济策略，逆全球化现象逐渐出现。这使得国际范围内的贸易争端和投资壁垒不断加剧，我国经济快速增长的外部环境发生变化。另一方面，在促进制造业回流的政策主导下，美国政府实施了大量的税收优惠和政府行政干预等措施，并且在多个关键技术领域对我国制定了"卡脖子"的问题清单。美国是我国主要的外商直接投资（FDI）来源国，其对外政策的转变直接影响到我国的投资和贸易水平，进而制约传统外资利用型经济驱动方式的增长潜力。推进科技创新，解决"卡脖子"问题，显得迫在眉睫。

在此背景下，2020 年 5 月 14 日，习近平总书记在中共中央政治局常务委员会会议上指出"要深化供给侧结构性改革，充分发挥我国超大规模市场优势和内需潜力，构建国内国际双循环相互促进的新发展格局"②。

二、新发展格局的基本含义

伴随着国内结构性矛盾加剧以及国际环境的日趋复杂，我国经济亟须按照新发展理念要求，构建新的发展格局，推动经济增长方式转化和高质量发展，以实现中华民族伟大复兴的根本目标③。在这一背景下，新发展格局应运而生。新发展格局所处的时代背景决定了其本质特征。

---

① 习近平. 坚定信心 共谋发展. 人民日报，2016 - 10 - 17.
② 中共中央政治局常务委员会召开会议. 人民日报，2020 - 05 - 15.
③ 刘伟. 以新发展格局重塑我国经济新优势. 经济日报，2020 - 09 - 24.

（一）新发展格局是系统性的整体发展格局

不同于以往针对某个产业或地区的发展规划，新发展格局是系统性的整体发展格局，是以经济社会中各环节、各层面、各领域的互联互通为前提，通过国内国际双循环联动，实现国民经济大循环的一个有机整体。因此，新发展格局不可简单地套用到局部的地区、行业、环节或领域内，以防止经济结构失衡加剧，防止出现地区性市场分割和"小而全""大而全"的重复性资源配置。

从纵向看，应保障生产、分配、流通、消费等各环节畅通。在生产环节，减少和消除制度、技术、成本等方面的制约，提供高质量产品和服务供给①。在分配环节，通过更加合理完善的收入分配体系促进生产、消费等环节的畅通。流通环节是打通生产、消费的中心环节，只有打通了流通堵点，才能真正发挥出我国超大规模市场的优势。但是，目前我国基础设施水平和流通体系现代化、一体化程度仍然不高，物流成本过大且效率较低。在消费环节，我国当前的消费率水平仍低于同期同等收入国家和世界平均水平，释放消费潜能的关键在于降低从生产环节到消费环节的信息不对称程度，加强监管，提升消费产品质量，尤其在老龄化背景下，需要着重创新消费服务形式②，不断满足消费者需求。

从横向看，应保障产业、地区、供给和需求间的畅通。在产业间，减少低端产品的无效供给和产能过剩③，缓解高端产品的供给不足。当前，

---

① 马建堂，赵昌文．更加自觉地用新发展格局理论指导新发展阶段经济工作．管理世界，2020，36（11）：1-6，231．
② 李文星，徐长生，艾春荣．中国人口年龄结构和居民消费：1989—2004．经济研究，2008（7）：118-129．
③ 徐朝阳，白艳，王韡．要素市场化改革与供需结构错配．经济研究，2020，55（2）：20-35．

我国存在着产能过剩和产能短缺并存的失衡现象：一些传统产业的产品无法被市场完全消化①，产能得不到充分利用；与此同时，公共服务、新产品以及许多高质量的传统产品等又普遍无法满足人们的需求②。在地区间，一些地方政府为了增加本地就业、提高经济增长水平，往往采用"以邻为壑""画地为牢"等方式扶持本地企业，不仅阻碍了要素的自由流动和高效配置，而且容易引发地区间重复建设、产业同构的问题，造成资源的极大浪费。实际上，产业、地区间的供需失衡问题归根到底是要素配置问题。目前，我国在不同维度上存在着不同程度的要素配置扭曲，造成了生产效率低下，根本原因仍在于尚未建立以市场为主导的资源要素配置机制③。因此，未来的关键仍是以供给侧结构性改革为方向，优化要素配置，解决纵向、横向的不畅通问题。

（二）新发展格局是一种改革深化格局

改革开放以来，我国所取得的成就，在很大程度上归因于社会主义市场经济改革的不断深化。但是，改革走到今天，已经进入了"攻坚期""深水区"，剩下的都是"难啃的骨头"，一些地方改革"迟滞""拖延"等现象不断增多，一些领域体制机制的弊端得不到实质性解决。例如，垄断性行业国有企业改革进展缓慢、民营经济的生存环境有待进一步改善、自主创新动力需要充分释放等。这些问题如果得不到及时解决，就会直接威

---

① 韩国高，高铁梅，王立国，等.中国制造业产能过剩的测度、波动及成因研究.经济研究，2011，46（12）：18 - 31.

② 辛冲冲，陈志勇.中国基本公共服务供给水平分布动态、地区差异及收敛性.数量经济技术经济研究，2019，36（8）：52 - 71.

③ 韩其恒，李俊青，刘鹏飞.要素重新配置型的中国经济增长.管理世界，2016（1）：10 - 28，187.

胁到高质量发展。

新发展格局以畅通国民经济的各个环节循环为主题，通过深化改革打通发展过程中的"堵点""难点"，实现质量变革、效率变革、动力变革。实现"不断革除体制机制弊端，让我们的制度成熟而持久"①。新发展格局，依托资源配置效率提升和技术创新，以尽可能低的资源投入获得尽可能高的产出水平，不断提高劳动效率、资本效率、土地效率、资源效率、环境效率和全要素生产率，适应高质量、高效率现代化经济体系建设的需要②。新发展格局重视消费拉动的需求动力转变，强调创新驱动的要素动力转变，侧重服务业发展的产业动力转变，协调制度的供给动力转变，全方位推进新时代经济增长的动力变革。

在本质上，新发展格局是在更高起点、更高层次、更高目标上推进经济体制改革的行动指南。因此，只有依靠深化改革和扩大开放，才能不断破除制约发展的体制机制弊端，从而补齐经济发展的短板弱项，为实现高质量发展提供支撑。

（三）新发展格局是一种风险防范格局

"今后一个时期，我们将面对更多逆风逆水的外部环境，必须做好应对一系列新的风险挑战的准备。"③ 新发展格局的一个重要考虑是主动防范风险，维护国民经济安全，是一种统筹发展和安全风险防范底线管理的发展格局。

---

① 习近平．完善和发展中国特色社会主义制度 推进国家治理体系和治理能力现代化．人民日报，2014-02-18.

② 刘世锦．推动经济发展质量变革、效率变革、动力变革．中国发展观察，2017（21）：5-6，9.

③ 习近平．在经济社会领域专家座谈会上的讲话．上海经济研究，2020（10）：9-11.

从国内形势看，我国正处在转变发展方式、优化经济结构、转换增长动力的攻关期，结构性、体制性、周期性问题相互交织。内循环中的技术创新等短板、弱项十分明显，关键核心技术"卡脖子"问题突出，企业生产受到掣肘，随时面临产业链断裂的风险。

从国际形势看，受 2008 年国际金融危机的冲击，世界各国的经济发展遭受不同程度的破坏和损失。伴随着世界各国内部矛盾的累积，贸易保护主义和逆全球化趋势加剧，必须通过新发展格局对冲风险。尤其是自特朗普执政以来，整个世界经济政治局势不确定性增强，中美关系渐趋复杂，贸易争端不断，打破了过去几十年全球贸易共赢的格局。在这种局势下，国际政治经济格局和国家间博弈方式平添了很多不确定性。突如其来的新冠肺炎疫情，则进一步加剧了世界经济的衰退和国际市场需求的萎缩，这就要求我国及时做出防范，重塑新的发展格局。

可见，无论从国内还是国际形势看，构建以内循环为主体的国内国际双循环格局进行风险防范是历史必然。

（四）新发展格局是一种目标导向格局

新发展格局的目标是解决发展的不平衡不充分的矛盾，在保持经济增长的同时削弱波动性和周期性，从而形成能保障经济长期高质量发展，最终实现中华民族伟大复兴的根本目标。

一方面，新发展格局的提出从一开始就具有突出的目标导向特征，是出于更有效地解决我国社会主要矛盾的需要。党的十九大报告明确指出："中国特色社会主义进入新时代，我国社会主要矛盾已经转化为人民日益增长的美好生活需要和不平衡不充分的发展之间的矛盾。"① 新发展格局就是针对社会主要矛盾的变化，通过"充分发挥市场作用、更好发挥政府作用的经济体制，实现市场机制有效、微观主体有活力、宏观调控有度"②，从而形成能保障经济长期高质量发展的格局，最终的目标是实现中华民族的伟大复兴。

另一方面，新发展格局是实现现代化的历史要求。党的十九大提出，在实现第一个百年目标的基础上，开启实现第二个百年目标的现代化新征程。党的十九届五中全会具体部署了这一历史进程："展望二〇三五年，我国经济实力、科技实力、综合国力将大幅跃升，经济总量和城乡居民人均收入将再迈上新的大台阶，关键核心技术实现重大突破，进入创新型国家前列；基本实现新型工业化、信息化、城镇化、农业现代化，建成现代化经济体系；基本实现国家治理体系和治理能力现代化，人民平等参与、平等发展权利得到充分保障，基本建成法治国家、法治政府、法治社会；建成文化强国、教育强国、人才强国、体育强国、健康中国，国民素质和社会文明程度达到新高度，国家文化软实力显著增强；广泛形成绿色生产生活方式，碳排放达峰后稳中有降，生态环境根本好转，美丽中国建设目标基本实现；形成对外开放新格局，参与国际经济合作和竞争新优势明显增强；人均国内生产总值达到中等发达国家水平，中等收入群体显著扩大，基本公共服务实现均等化，城乡区域发展差距和居民生活水平差距显著缩小；平安中国建设达到更高水平，基本实现国防和军队现代化；人民

---

① 习近平. 决胜全面建成小康社会 夺取新时代中国特色社会主义伟大胜利. 人民日报，2017-10-28.

② 习近平. 深刻认识建设现代化经济体系重要性 推动我国经济发展焕发新活力迈上新台阶. 人民日报，2018-02-01.

生活更加美好，人的全面发展、全体人民共同富裕取得更为明显的实质性进展。"① 这一历史进程的实践，将根本改变现代化的格局和路径，将实现中国特色社会主义基本纲领，但也面临一系列挑战，新发展格局恰是应对挑战的必然要求。

三、新发展格局的内在逻辑

在认识新发展格局四大本质特征的基础上，进一步梳理新发展格局的内在逻辑，可以得出以下结论：第一，新发展格局是一种整体发展格局，要求全面破除经济发展中的不平衡不充分问题，实质是供求均衡。供求均衡作为经济均衡发展的底层逻辑，也是新发展格局的逻辑起点。第二，新发展格局是一种改革深化格局和风险防范格局，表明新发展格局下实现供求均衡的战略支撑是创新引领，战略基点是扩大内需，而在这一过程中，又需要以供给侧结构性改革为战略方向，以"一带一路"为战略重点，以区域改革开放新高地为战略突破口。第三，新发展格局是一种目标导向格局，最终服务于中华民族近代以来最伟大的梦想——中华民族的伟大复兴，为了达到这一根本目的，需要以构建现代化的经济体系为目标，实现经济持续、高质量发展。

（一）新发展格局的战略实质是供求均衡

新发展格局作为一种整体发展格局，旨在解决经济发展中的不平衡不充分问题，因此，新发展格局的逻辑起点是供求均衡。供求均衡包括总量

---

① 中共中央关于制定国民经济和社会发展第十四个五年规划和二〇三五年远景目标的建议. (2020 - 11 - 03) ［2021 - 11 - 10］. http://www.gov.cn/zhengce/2020-11/03/content_5556991.htm.

均衡和结构均衡。

1. 总量均衡

总量均衡是供求均衡的基础，总量需求得不到满足就会形成经济短缺和通货膨胀。改革开放初期，由于我国经济发展基础薄弱，生产力水平落后，再加上传统计划经济体制向市场经济体制转轨中出现的预算软约束等体制原因，供给能力无论是数量还是质量，规模还是结构，都远远不能适应需要。这一期间因需求得不到满足而发生过 3 次严重的通货膨胀，分别是 1985 年（CPI 上涨幅度超过 9%）、1988 年（CPI 上涨幅度超过 18%）和 1994 年（CPI 上涨幅度超过 24%）。改革开放以来，生产能力得到大幅提升，市场约束日益强化。近些年，我国总量失衡问题更多地演变为供给过剩和部分地区部分行业产能过剩。

2. 结构均衡

结构均衡包括产业结构、区域结构、资源配置结构、国民收入分配结构等方面的均衡，是现阶段应着力解决的问题。在产业结构方面，应着力破除产能过剩和产能短缺并存的失衡现象。目前，产能过剩主要集中在低端传统行业和低质量消费品及服务方面，而产能短缺主要表现在公共服务品、创新性产品和高质量消费品和服务上。在区域结构方面，地区间差异显著，2019 年东部沿海地区的人均 GDP 水平已接近西部地区的 2 倍，南北之间的经济社会发展差异仍然巨大，未来"要把构建新发展格局同实施国家区域协调发展战略、建设自由贸易试验区等衔接起来"[①]。在资源配置

---

① 习近平．推动更深层次改革实行更高水平开放 为构建新发展格局提供强大动力．人民日报，2020 - 09 - 02.

结构方面，仍存在一定的体制机制性障碍①。未来，充分发挥市场在资源配置中的主导作用是构建新发展格局的体制条件。在国民收入分配方面，城乡间、地区间的收入差距问题依然严峻，这种差距的存在和扩大，会从总体上限制国民经济中消费需求的增长，进而成为构建国内大循环的障碍。

（二）新发展格局的战略支撑是创新引领

从世界经济大国博弈的历史进程看，一个明显的规律在于，"当今世界，谁牵住了科技创新这个'牛鼻子'，谁走好了科技创新这步先手棋，谁就能占领先机、赢得优势"②。19 世纪末 20 世纪初，德国作为一个新兴经济体，之所以能够在与英国的贸易竞争中取胜，正是因为得益于技术创新和生产变革③。这就意味着，创新引领是新发展格局的关键，既是形成以国内大循环为主体的关键，也是摆脱西方国家"卡脖子"、提高国际竞争主动权、促进国内国际双循环的关键。

改革开放之初，我国面临着较为严重的资本和技术约束，自主技术创新的成本较高。当时，我国整体的发展程度较为落后，技术水平与世界前沿面的距离较远，与发达国家不存在严重的利益冲突，能够通过技术引进、消化和吸收的方式在一定范围内快速实现技术进步，同时，降低技术创新的成本和风险，形成后发优势。随着我国经济发展水平不断提高，技

① 卢峰，姚洋．金融压抑下的法治、金融发展和经济增长．中国社会科学，2004（1）：42－55，206；刘瑞明．金融压抑、所有制歧视与增长拖累：国有企业效率损失再考察．经济学（季刊），2011，10（2）：603－618.
② 中共中央文献研究室．习近平关于科技创新论述摘编．北京：中央文献出版社，2016：26.
③ 欣斯利．新编剑桥世界近代史：物质进步与世界范围的问题 1870—1898（第 11 卷）．中国社会科学院世界历史研究组，译．北京：中国社会科学出版社，1987.

术水平距离世界前沿面越来越近，与发达国家在创新领域的利益冲突逐渐增大，技术引进的难度也越来越大。不仅如此，那些最前沿的领域，也必须通过自主创新才能实现技术进步。

"实践反复告诉我们，关键核心技术是要不来、买不来、讨不来的。只有把关键核心技术掌握在自己手中，才能从根本上保障国家经济安全、国防安全和其他安全。"① 如果自主创新能力得不到提高，关键核心技术"卡脖子"问题得不到根本性解决，那么国内大循环的构建也就无从谈起。现阶段，解决这一问题，必须"着力破除制约创新驱动发展的体制机制障碍，完善政策和法律法规，创造有利于激发创新活动的体制环境"②。而"有利于激发创新活动的体制环境"需要在"企业为主体、市场为导向、政府搭平台"的创新体制机制构建框架下，改变传统增长模式以投资拉动和技术引进为主的技术升级路径，打破传统增长模式对企业创新积极性和创新能力积累的体制机制束缚，实现科技创新由引进吸收为主向自主研发为主的根本性转变。

（三）新发展格局的战略基点是扩大内需

我国拥有超大规模的市场需求潜能，随着国际经济形势变化、保护主义抬头、逆全球化趋势加剧、新冠肺炎疫情冲击导致全球经济衰退，做好应对国际市场萎缩的防范，其战略基点便是扩大国内市场需求。这与新发展格局作为一种风险防范格局是内在一致的。

---

① 习近平. 在中国科学院第十九次院士大会、中国工程院第十四次院士大会上的讲话. 人民日报. 2018-05-29.

② 习近平. 真抓实干主动作为形成合力 确保中央重大经济决策落地见效. 人民日报，2015-02-11.

　　从投资需求看，2015 年以来，我国工业制造业规模超过美国，成为世界制造业第一大国，2020 年工业增加值占世界的比重接近 30%①，制造业产值占全球的比重已超过 30%，拥有按联合国划分的 41 个大类、191 个中类、525 个小类部门齐全的工业体系和完整的产业链。近年来，我国固定资产投资规模均超过 50 万亿元，但大而不强、大而不优，尤其是优质的投资需求不足，表现为在自主创新能力、资源利用效率、信息化水平、产品质量等方面都与世界前沿存在着较大差距。对此，我国未来应围绕《中国制造 2025》进行制造业转型升级，释放充足的投资需求潜力。我国仍处于新型工业化、信息化、城镇化、农业现代化的加速发展时期，完全有条件在未来释放出大量的投资需求。

　　从消费需求看，2020 年我国城镇常住人口达到 9 亿人，占比 63.89%，未来仍有巨大的空间释放人口红利，对消费水平和结构将产生深刻影响。而拥有 4 亿多人规模的中等收入群体，是进一步支撑我国消费需求的稳定基础。数据显示，2019 年，我国社会消费品零售总额超过 40 万亿元，成为世界第一大国内消费品市场。随着我国居民收入水平的稳步提升，国内消费需求将进一步扩大②。在认识到总量潜力巨大的同时，应以供给侧结构性改革破解制约消费需求的难题：进一步完善国民收入分配体系，扩大中等收入群体，解决好人民群众的住房、医疗、子女教育、社会保障等问题，充分释放消费需求。综上所述，新发展格局的战略基点是扩大内需，并在扩大内需的基础上，实现生产、分配、流通、消费等国民经济各环节

---

　　① 2020 年，我国对世界制造业贡献的比重接近 30%，已经连续十一年成为世界最大制造业国家.（2021 - 03 - 02）[2022 - 01 - 10]. https://www.chyxx.com/shuju/202103/934445.html.
　　② 刘伟. 疫情冲击下的经济增长与全面小康经济社会目标. 管理世界，2020，36（8）：1-8.

之间的畅通循环、相互促进。

（四）新发展格局的战略方向是深入推进供给侧结构性改革

新发展格局的重点任务之一是打通国民经济各个环节的堵点、畅通国民经济大循环。这就意味着，深入推进供给侧结构性改革是构建新发展格局的战略方向。

第一，需求疲软导致的下行风险在于，无效供给得不到消化，有效需求得不到满足。"我国经济发展面临的问题，供给和需求两侧都有，但矛盾的主要方面在供给侧……事实证明，我国不是需求不足，或没有需求，而是需求变了，供给的产品却没有变，质量、服务跟不上。有效供给能力不足带来大量'需求外溢'，消费能力严重外流。解决这些结构性问题，必须从供给侧发力"①。比如，"我国一些行业和产业产能严重过剩，同时，大量关键装备、核心技术、高端产品还依赖进口"②。这种供需结构的失衡主要源于资源配置效率低下，资源被大量配置到那些市场无法消化的生产部门之中，形成了无效的供给和过剩产能，而那些市场需求仍未能得到满足的生产部门却获取不到足够的生产资源，形成供给的短缺。资源配置的无效率归根到底是由于体制机制的不完善，供给侧结构性改革就是要破除体制机制的不畅，对于无效供给的过剩产能予以破除，释放出更多资源用于创造有效供给，从而实现供给和需求的有效对接。

第二，有效需求得不到满足的重要原因在于相应生产部门的生产成本

---

① 中共中央宣传部．习近平总书记系列重要讲话读本（2016年版）．北京：学习出版社，人民出版社，2016：155．

② 中共中央宣传部．习近平总书记系列重要讲话读本（2016年版）．北京：学习出版社，人民出版社，2016：155．

较高。近年来，伴随着我国经济中人口红利、资源红利、土地红利、外贸红利等逐渐变弱，实体经济的"硬成本"不断上升，进而对"软成本"的下降提出了更高的要求。其中，尤其是要降低制度性交易成本，清理涉企收费，降低用能、物流、融资等成本。从客观看，无论是当前民间投资增速下滑，还是外资撤离，一定程度上都和实体经济成本过高有关，应进一步通过"放管服"改革实现制度性交易成本的下降，也要对制约实体经济发展的长期累积的诸多制度障碍（如融资困境、税负较重）予以破除。

（五）新发展格局的战略重点是"一带一路"

构建新发展格局，必须高度重视国内国际双循环相互促进，并不是简单地强调国内大循环，而是以国内大循环为主，通过国内国际双循环实现国民经济的新发展。改革开放是我国的基本国策，新时代新型高水平的开放集中体现在"一带一路"建设上。因此，在西方主要发达国家纷纷出现经济疲软、逆全球化抬头的情况下，"一带一路"倡议构成了新发展格局的战略重点①。

新发展格局下的"一带一路"倡议，由我国发起推动，主张基于沿线国家资源、人口、资本、技术等生产要素的比较优势，"各施所长、取长补短"。一方面，将沿线国家具有发展潜力的优质且性价比高的产能因地制宜实现有效转接，能快速转化为高效率的生产能力，使国内企业在国际市场中继续保持竞争力，从而对内实现要素有效配置、产业结构升级；另一方面，通过满足沿线国家市场需求，加强资源开发和产业投资，延长产业链条，有助于东道国实现生产要素升级、产业结构优化，促进当地经济

---

① 刘伟. 习近平新时代中国特色社会主义经济思想的内在逻辑. 经济研究，2018，53（5）：4-13.

增长，并且还有助于通过促进就业提高东道国人民收入水平，改善生活质量①。因此，"一带一路"能够实现国内与国际经济双循环的优势互补，使国内循环带动国际循环，再通过国际循环优化国内循环，构建新型互利互惠的国内国际双循环的新发展格局。

"一带一路"推动发展双边、多边自贸区与国际组织合作，能够促进商品与服务贸易，扩大投资，开展国际技术交流与合作，以更大范围、更宽领域、更深层次地参与到国际市场中，有利于推动技术溢出、制度创新和激发市场竞争活力，进一步促进国内产业结构升级，优化劳动力结构，促进技术、制度以及管理创新，最终服务于国内大循环和国内国际双循环。

（六）新发展格局的战略突破口是区域改革开放新高地

回顾我国改革开放历程，一个不可忽视的制度创新是以试点方式开展政策试验。试点作为一种以局部试验带动整体改革的渐进式治理机制，极大地降低了改革的不确定性，使得我国能以较低的成本推进改革。"试点是改革的重要任务，更是改革的重要方法。"② 因而，利用试点的方法，以区域改革开放新高地的打造作为战略突破口，创造更多更好可复制可推广的经验，发挥示范效应和引领效应，可以更为有效地带动全国经济高质量发展。

区域分化和差距过大是当前我国面临的突出问题。未来，在区域经济发展方面，需要"按照客观经济规律调整完善区域政策体系，发挥各地区比较优势，促进各类要素合理流动和高效集聚，增强创新发展动力，加快

---

① 李扬，张晓晶．"新常态"：经济发展的逻辑与前景．经济研究，2015，50（5）：4-19.
② 习近平．树立改革全局观积极探索实践 发挥改革试点示范突破带动作用．人民日报，2015-06-06.

构建高质量发展的动力系统，增强中心城市和城市群等经济发展优势区域的经济和人口承载能力，增强其他地区在保障粮食安全、生态安全、边疆安全等方面的功能，形成优势互补、高质量发展的区域经济布局"①。

因此，区域协调发展战略有利于打破既有的体制机制束缚，解决当前一些区域发展中资源配置和要素流动机制不畅、合作分工水平低下、重复建设现象严重等问题，形成新的增长极。新的区域性增长极的培育对于构建新格局具有示范引领作用。近年来，国内经济下行压力逐渐增大，党中央紧扣社会主要矛盾，大胆设立各种经济"试验田"，意图通过这些区域协调发展战略构筑区域增长极，为我国经济崛起寻找新的突破口。

（七）新发展格局的战略目标是建设现代化经济体系

新发展格局是一种目标导向格局，其目标在于建设现代化经济体系。"现代化经济体系，是由社会经济活动各个环节、各个层面、各个领域的相互关系和内在联系构成的一个有机整体。"② 具体而言，现代化经济体系又集中表现在现代化的产业体系、市场体系、收入分配体系、区域发展体系、绿色发展体系、全面开放体系和经济运行体系等方面。

现代化的产业体系，是一种"创新引领、协同发展"的产业体系，意在实现"实体经济、科技创新、现代金融、人力资源"的协同发展。具体而言，就是"加快建设制造强国，加快发展先进制造业，推动互联网、大数据、人工智能和实体经济深度融合，在中高端消费、创新引领、绿色低碳、共享经济、现代供应链、人力资本服务等领域培育新增长点、形成新

---

① 习近平．推动形成优势互补高质量发展的区域经济布局．求是，2019（24）：4-9.
② 习近平．深刻认识建设现代化经济体系重要性 推动我国经济发展焕发新活力迈上新台阶．人民日报，2018-02-01.

动能。支持传统产业优化升级，加快发展现代服务业，瞄准国际标准提高水平。促进我国产业迈向全球价值链中高端，培育若干世界级先进制造业集群"①。现代化的市场体系就是"市场准入畅通、市场开放有序、市场竞争充分、市场秩序规范"，"企业自主经营公平竞争、消费者自由选择自主消费、商品和要素自由流动平等交换的现代市场体系"②。现代化的收入分配体系应当是"公平与效率携手并进"的分配体系，通过这一体系，实现"收入分配合理、社会公平正义、全体人民共同富裕，推进基本公共服务均等化，逐步缩小收入分配差距"③。现代化的区域发展体系要发展成为"彰显优势、协调联动"的城乡区域发展体系，核心是实现"区域良性互动、城乡融合发展、陆海统筹整体优化，培育和发挥区域比较优势，加强区域优势互补，塑造区域协调发展新格局"。打造现代化的绿色发展体系就是建设"资源节约、环境友好的绿色发展体系"，形成"人与自然和谐发展现代化建设新格局"。构建现代化的全面开放体系，就是"建设多元平衡、安全高效的全面开放体系，发展更高层次开放型经济，推动开放朝着优化结构、拓展深度、提高效益方向转变"。现代化的经济运行体系，就是"充分发挥市场作用、更好发挥政府作用的经济体制，实现市场机制有效、微观主体有活力、宏观调控有度"④。

总之，现代化经济体系是由社会经济活动的各个环节、各个层面、各

① 习近平.决胜全面建成小康社会 夺取新时代中国特色社会主义伟大胜利：在中国共产党第十九次全国代表大会上的报告.光明日报，2017-10-28.
② 习近平.深刻认识建设现代化经济体系重要性 推动我国经济发展焕发新活力迈上新台阶.人民日报，2018-02-01.
③ 习近平.深刻认识建设现代化经济体系重要性 推动我国经济发展焕发新活力迈上新台阶.人民日报，2018-02-01.
④ 习近平.深刻认识建设现代化经济体系重要性 推动我国经济发展焕发新活力迈上新台阶.人民日报，2018-02-01.

个领域的相互关系和内在联系构成的一个有机整体，是新发展理念的集中体现，也是实现新发展理念的机制和条件。这种本质特征，也恰恰是以国内大循环为主体、国内国际双循环相互促进的新发展格局的根本要求。

（八）新发展格局的根本目的是实现中华民族的伟大复兴

"实现中华民族伟大复兴是中华民族近代以来最伟大的梦想。"① 对新发展格局的理解，必须站在中华民族伟大复兴的高度。新发展格局不是一时的被动选择，而是历史的必然决定。

中国共产党自成立以来，实现了中华民族"站起来"的新中国成立伟业，夺取了新民主主义革命的伟大胜利，并在此基础上建立了社会主义制度，为实现中国的现代化创造了极为重要的制度基础。在社会主义革命和建设进程中，特别是改革开放以来，中国特色社会主义的伟大实践探索，实现了社会主义中国"富起来"的全面小康社会发展目标，创造了人类反贫困的发展奇迹，并为进一步建设社会主义现代化强国奠定了发展基础。在实现第一个百年目标的基础上，中国特色社会主义进入新时代，开启了"强起来"的现代化新征程。新发展格局的根本目的就在于面对挑战，把握这一新的历史性机遇，实现社会主义现代化强国目标。

站在新的历史节点上，新发展格局被赋予了"更高起点、更高层次和更高目标"的使命，具有重要的历史意义。"更高起点"，就是站在我国过去 40 多年改革开放伟大成就的基础上，继往开来，对我国未来社会主义市场经济体制的完善做出新布局；"更高层次"，就是站在新时代的起点上，突破现有体制障碍，破解我国经济社会发展过程中的不平衡不充分问

---

① 习近平. 习近平谈治国理政：第 1 卷. 2 版. 北京：外文出版社，2018：35.

题，构建现代化经济体系；"更高目标"，就是瞄准中华民族的伟大复兴，坚定地沿着"两个一百年"奋斗目标，一步步落实，将我国建成富强民主文明和谐美丽的社会主义现代化强国。

四、新发展阶段、新发展理念和新发展格局

经过新中国成立以来 70 多年，特别是改革开放 40 多年来的发展，我国经济发生了极其深刻的变化，国际经济社会同样发生着深刻的改变，要求我国在胸怀"两个大局"的前提下，把握历史机遇，迎接前所未有的挑战。首先必须清醒认识我国社会经济发展的变化特征和规律，对社会经济发展所处的阶段做出科学判断。

党的十九大报告将迈向社会主义现代化的过程分为两个阶段：第一个阶段是从 2020 年到 2035 年，基本实现社会主义现代化；第二个阶段是从 2035 年到 21 世纪中叶，把我国建成富强民主文明和谐美丽的社会主义现代化强国。考虑到当前我国仍属于新兴经济体与中高收入国家，在全面建成小康社会的第一个百年奋斗目标完成之后，下一步可以先以跨越"中等收入陷阱"作为经济发展的战略目标，在此基础上再向 2035 年基本实现社会主义现代化目标迈进[①]。

基于此，第一阶段可以进一步分两步走。第一步是从 2021 年到 2025 年，即在"十四五"时期，利用 5 年左右的时间完成好中国经济增长动力转换任务，处理好经济增长速度与增长质量之间的关系，有效缩小贫富差距并提高中等收入群体占比。在"十四五"期间，人均 GDP 水平争取高

---

① 刘伟，陈彦斌."两个一百年"奋斗目标之间的经济发展：任务、挑战与应对方略. 中国社会科学，2021（3）：86 - 102，206.

于高收入国家门槛值 20%，从而确保跨越"中等收入陷阱"。第二步是从 2026 年到 2035 年，在"十五五"和"十六五"时期，进一步提升经济实力与科技实力，跻身创新型国家前列，使各方面制度更加完善，中等收入群体比例明显提高，城乡区域发展差距和居民生活水平差距显著缩小，人均实际 GDP 水平较 2020 年翻一番，达到中等发达国家水平，从而基本实现社会主义现代化。第二阶段是全面建成社会主义现代化国家的收官阶段，按照党的十九大要求，在基本实现现代化的基础上，再奋斗 15 年，人均 GDP 水平赶上发达国家平均水平，把中国建成富强民主文明和谐美丽的社会主义现代化强国。

在迈向社会主义现代化的新征程中，党的十九届五中全会指出要"坚持和完善党领导经济社会发展的体制机制，坚持和完善中国特色社会主义制度，不断提高贯彻新发展理念、构建新发展格局能力和水平，为实现高质量发展提供根本保证"。新发展理念集中体现为高质量发展，"高质量发展，就是能够很好满足人民日益增长的美好生活需要的发展，是体现新发展理念的发展，是创新成为第一动力、协调成为内生特点、绿色成为普遍形态、开放成为必由之路、共享成为根本目的的发展"[1]。在全面实现社会主义现代化的新发展阶段，贯彻新发展理念推动经济高质量发展的历史必然性更加鲜明。正如习近平总书记所总结的，这种历史必然性集中体现在三方面：一是我国保持经济持续健康发展的必然要求；二是适应我国社会主要矛盾变化和全面建成小康社会、全面建设社会主义现代化国家的必然要求；三是遵循经济规律发展的必然要求[2]。要实践新发展理念，核心是

---

① 习近平. 习近平谈治国理政：第 3 卷. 北京：外文出版社，2020：238.
② 习近平. 习近平谈治国理政：第 3 卷. 北京：外文出版社，2020：237-238.

建设现代化经济体系。具体而言，现代化经济体系是由社会经济活动的各个环节、各个层面、各个领域的相互关系和内在联系构成的一个有机整体。习近平总书记将其概括为七个方面的内涵：建设创新引领、协同发展的产业体系，建设统一开放、竞争有序的市场体系，建设体现效率、促进公平的收入分配体系，建设彰显优势、协调联动的城乡区域发展体系，建设资源节约、环境友好的绿色发展体系，建设多元平衡、安全高效的全面开放体系，建设充分发挥市场作用、更好发挥政府作用的经济体制。上述七个方面是统一整体，需要一体建设、一体推进①。

形成以国内大循环为主体、国内国际双循环相互促进的新发展格局旨在重塑中国经济发展的新优势。构建新发展格局应当突出强调以下要点：一是构建以供求良性互动为目标导向的国民经济循环，形成供给与需求之间的良性互动。二是构建以科技创新为动能推动的国民经济循环，提升自主创新能力，不断突破关键核心技术。三是构建以供给侧结构性改革为战略方向的国民经济循环，解决供给侧的结构性问题与质量偏低问题。四是构建以扩大内需为战略基点的国民经济循环。要创造有利的市场条件扩大内需，形成战略基点。五是构建以"一带一路"为战略支撑的开放的国内国际双循环。"一带一路"沿线国家经济互补性强，可以组成政治互信、经济融合、文化包容的利益共同体，进而有利于构建新型互利互惠的国际循环体系，实现中国与国际经济双循环的优势互补。

之所以高质量发展需要体现新发展理念，是因为"发展理念是战略性、纲领性、引领性的东西，是发展思路、发展方向、发展着力点的集中

---

① 习近平．习近平谈治国理政：第3卷．北京：外文出版社，2020：240－241．

体现"①。发展理念不转变,发展实践不可能改变;发展方式之所以要根本转变,是为了适应经济进入新常态后产生的历史性变化。习近平总书记指出,"总起来说,我国经济发展进入新常态后,增长速度正从百分之十左右的高速增长转向百分之七左右的中速增长,经济发展方式正从规模速度型粗放增长转向质量效率型集约增长,经济结构正从增量扩能为主转向调整存量、做优增量并举的深度调整,经济发展动力正从传统增长点转向新的增长点。我国经济发展进入新常态,是我国经济发展阶段性特征的必然反映,是不以人的意志为转移的。因此,认识新常态,适应新常态,引领新常态,是当前和今后一个时期我国经济发展的大逻辑"②。

新常态成为必然的重要原因在于约束经济发展的基本条件发生了系统性变化。要适应这种新变化,就必须根本转变发展方式。一些发展中国家在摆脱"贫困陷阱",进入中等收入发展阶段之后难以保持持续发展,长期滞留在"中等收入陷阱",而有些国家则能够成功跨越,其关键就在于能否实现发展方式的转变。"那些取得成功的国家,就是在经历高速增长阶段后实现了经济发展从量的扩张转向质的提高。那些徘徊不前甚至倒退的国家,就是没有实现这种根本转变。经济发展是一个螺旋式上升的过程,上升不是线性的,量积累到一定阶段,必须转向质的提升,我国经济发展也要遵循这一规律。"③

进入新时代我国经济发展的深刻变化,使得竞争优势发生了根本转

---

① 中共中央文献研究室. 习近平关于社会主义经济建设论述摘编. 北京:中央文献出版社,2017:21.

② 中共中央文献研究室. 习近平关于社会主义经济建设论述摘编. 北京:中央文献出版社,2017:79-80.

③ 习近平. 习近平谈治国理政:第3卷. 北京:外文出版社,2020:238.

变，国内国际经济条件的剧烈变化，使得以往主要依靠低生产要素成本拉动经济的增长方式和以"两头在外、大进大出"的方式推动经济循环的竞争格局难以持续，需要构建新的发展格局，重塑竞争新优势。这种迫切性在新冠肺炎疫情冲击下显得更为突出。因此，习近平总书记在参加经济界委员联组会时，针对国内国际的新变化，提出以畅通国民经济循环为主，构建以国内大循环为主体、国内国际双循环相互促进的新发展格局。这一新发展格局是经济发展进入新阶段，面对国内国际环境发生的新变化，贯彻新发展理念，建设现代化经济体系，以实现"五位一体"现代化发展目标战略举措的系统性安排。

构建新发展格局的方式和路径，需要坚持以下基本原则：

一是构建新发展格局必须以创新引领作为战略支撑，创新驱动是贯彻新理念、建设现代化经济体系，进而畅通国民经济循环的关键。

二是构建新发展格局必须以扩大内需为战略基地，客观上"两头在外、大进大出"的模式已不能持续，而我国自身经济发展也已完全具备以扩大内需为立足点的条件。

三是构建新发展格局必须以深化供给侧结构性改革为战略方向，一方面从深化供给侧结构性改革入手，另一方面以克服供给侧结构性矛盾为主线。

四是构建新发展格局必须以坚持开放型经济、国内国际双循环相互促进为战略前提，开放是基本国策，新发展格局不是封闭的格局，而是以"一带一路"为引领的高水平的制度性的开放型经济。

五是构建新发展格局必须以区域性增长极带动为战略突破，包括京津冀协同发展、长三角一体化、粤港澳大湾区、长江经济带、黄河生态保护与健康发展等，在振兴乡村、主体功能区合理布局、不断培育壮大新的增长极的过程中，形成战略突破的新高地。

六是构建新发展格局必须以"稳中求进"为工作的战略方针。一方面，"稳"主要是经济增长要稳，经济发展各方面要协调，经济政策要系统；另一方面，"进"主要是转变发展方式、制度全面创新要深入，特别是要围绕"五位一体"总体布局目标要求，推进"四个全面"战略布局。

第二节

新发展格局的理论基础

一、新发展格局提出的背后具有深厚的理论和实践基础

十九届五中全会通过的《中共中央关于制定国民经济和社会发展第十四个五年规划和二〇三五年远景目标的建议》提出要"加快构建以国内大循环为主体、国内国际双循环相互促进的新发展格局"。这一战略抉择，是新阶段中国发展内外部因素综合作用的内生产物，与新常态理论、新发展理念、供给侧结构性改革以及高质量发展理论一脉相承，是习近平新时代中国特色社会主义经济思想和中国特色社会主义政治经济学的新发展。这一判断建立在深刻准确剖析我国生产力与生产关系、经济基础与上层建筑矛盾运动客观条件发生的变化，特别是经过 40 余年的改革开放，自党

的十八大以来日益清晰体现出来的各方面历史变化的基础上。这种深刻的历史变化使中国特色社会主义事业的时代使命和基本命题发生了新的改变，新时代成为决胜全面小康进而实现现代化的时代，是逐步实现全体人民共同富裕的时代，是我国日益走近世界舞台中央的时代。这种深刻的历史变化的集中体现，在于"我国社会主要矛盾已经转化为人民日益增长的美好生活需要和不平衡不充分的发展之间的矛盾"，这种主要矛盾的转化是关系中国特色社会主义事业全面发展的历史性变化，对我国的经济社会建设提出了新的历史性要求，因此需要制定一系列新方略①。

这种深刻的历史性变化首先在于改革开放以来，生产关系深刻变革带来生产力的解放和发展：

一是经济总量达到新规模。到 2020 年我国 GDP 总量达到 100 万亿元，改革开放以来年均增长 9.5%。在创造了新的持续高速增长纪录的同时，我国在国际经济格局中的地位显著提升。我国经济总量占全球 GDP 的比重从改革开放初期的 1.8% 提高到现阶段的百分之十几；2010 年起超过日本，成为世界第二大经济体，近年来不断缩小与世界第一大经济体美国之间的差距，由 2012 年相当于美国的 53% 上升到 2020 年的 70%。正如党的十九大报告所概括的，我国正日益走近世界舞台中央。

二是人均 GDP 达到新水平。我国人均 GDP 从 1978 年的 156 美元上升到 2020 年的 10 503.2 美元左右；在世界银行统计的按人均 GDP 水平的排序中，我国由改革开放初期在 196 个国家中排在 180 位之后，上升至 2020 年在 217 个国家（地区）中的第 63 位。我国从改革开放初期的低收入贫

---

① 刘伟. 中国特色社会主义新时代与新发展理念. 前线，2017（11）：127 - 133.

困国家，先是克服了贫困，然后跨越温饱进入上中等收入国家行列。正如习近平总书记所说："我国正处于跨越'中等收入陷阱'并向高收入国家迈进的历史阶段，矛盾和风险比从低收入国家迈向中等收入国家时更多更复杂。"①

三是在经济增长的同时经济结构发生着深刻变化。第一产业就业比重自 1978 年的 70％以上降至 2020 年的 24％以下，产值比重由 28％以上降至 8％以下；第二产业产值比重由 1978 年的 49％稳定上升，自 2012 年以来开始出现持续下降趋势，2020 年为 37.8％，就业比重由 1978 年的17.4％上升至现阶段的 28.7％；第三产业产值比重从 1978 年的 23％上升至 2013 年的 46.7％，首次超过第二产业，2015 年后更超过 50％，就业比重由 1978 年的 12.1％上升至 2020 年的 47.7％。这种产业结构虽然仍与发达国家现代化经济结构有较大差距，但也开始具有后工业化时期的产业结构特征。与之相适应，城乡社会结构发生了显著变化，城市化率从 1978年的 17％左右上升至 2020 年的 63.9％（按常住人口计），虽然较发达国家仍有较大差距，但已进入经济社会发展的城市化加速期。

四是约束经济发展的基本条件发生了深刻变化，特别是党的十八大以来，我国经济发展进入增长速度换挡期、结构调整阵痛期、前期刺激政策消化期的"三期叠加"阶段，无论是就需求侧来看还是就供给侧来看，均发生了系统性变化。突出特点是供给侧的比较竞争优势——要素成本低（包括劳动力、自然资源、生态环境资源、技术进步成本）——已发生了根本性转变，需要培育新优势；需求侧的潜在空间广阔——长期经济短缺

---

① 中共中央文献研究室．习近平关于社会主义经济建设论述摘编．北京：中央文献出版社，2017：318－319.

也根本扭转，要求发展方式必须根本转变。

五是宏观经济失衡的特点发生了根本性变化。改革开放 40 余年来，我国宏观经济失衡先是以需求膨胀、经济短缺为特点，因而要求宏观经济政策长期实施适度紧缩（1978 年至 1998 年 6 月）；后是需求疲软、产能过剩逐渐显现，在 1997 年亚洲金融危机和 2008 年世界金融危机影响下，矛盾更为突出，因而要求采取以扩大内需为首要的积极的财政政策和稳健的货币政策（1998 年 6 月后），以及更加积极的财政政策和适度宽松的货币政策（2008 年下半年后）；自 2010 年底推出反危机政策以来，特别是党的十八大以后，中国经济进入新常态，"双重风险"并存，既有潜在的成本推动的通货膨胀压力，又有市场需求疲软导致的经济下行的威胁，使宏观政策导向难以明确，既难以全面紧缩（1978 年至 1998 年），也难以全面刺激（1998 年至 2010 年），要求宏观调控方式必须改变和完善，特别是协调需求与供给调控。

总之，正由于中国特色社会主义进入新时代，正由于新时代社会主要矛盾的转化，相应的社会经济发展的水平、阶段、条件、失衡等各方面都发生了系统性变化，由此便为我国社会经济发展带来新的挑战和机遇，因而要求根本转变发展方式，准确把握新发展阶段，深入贯彻新发展理念，加快构建新发展格局。

二、百年未有之大变局背景下我国发展战略的再定位

面对"两个大局"，针对国内国际发展环境的新变化，尤其是疫情产生的新冲击，为应对我国社会经济发展到新阶段之后面临的一系列新挑战，把握重要战略期提供的新机遇，习近平总书记提出加快构建以国内大

循环为主体、国内国际双循环相互促进的新发展格局，以此破解新发展阶段的新问题，推动发展方式根本转变，贯彻新发展理念，实现经济高质量发展。党的十九届五中全会对贯彻新发展理念、构建新发展格局做出了系统的战略部署①。新发展是一个将要主导整个"十四五"规划、主导未来一段时期发展的基础战略，必须将其上升到指导实践和开创中国特色社会主义政治经济学新格局的层面上。因此首先要在思想上形成共识，明确双循环的新格局、战略实施的逻辑路径。目前，实现国内大循环，要与前期的高质量发展、供给侧结构性改革对接，要以供给侧结构性改革为主，保留扩大内需的战略基点。其次，要根据目前外部环境的变化和内部发展阶段的变化所凸显出来的风险问题、节点问题，进行系统性梳理，提出针对性举措。因此，突出的重点问题就是要把"六保"政策在短期内落实，只有在保居民就业、保基本民生、保市场主体等方面很好落实，才能使国内市场的生产、分配、流通、消费的基本盘和国内产业链供应链基本盘得到稳定，而不至于出现一些断点、堵点，甚至出现崩溃的情况。进一步，我国的发展战略应该深刻把握构建新发展格局带来的战略转换效应。迈向以国内大循环为主体、国内国际双循环相互促进的新发展格局决定了战略转型和战略替换是"十四五"期间经济运行的核心主题。发展战略再定位带来的科技创新自立自强的布局、产业链供应链的安全性布局、国内大循环的畅通与短板的补足、扩大内需战略层面的启动等举措不仅将引发经济主体预期的改变，还将替代非常规刺激政策成为需求扩张的基础力量②。

---

① 刘伟. 经济发展新阶段的新增长目标与新发展格局. 北京大学学报（哲学社会科学版），2021，58（2）：5-13.

② 中国宏观经济论坛（CMF）研究团队. CMF中国宏观经济分析与预测报告（2020—2021）. 中国宏观经济论坛，2021.

（一）深化改革，畅通国内大循环

按照构建新发展格局的内在要求，做强国内市场，贯通生产、分配、流通、消费各环节，打破行业垄断和地方保护，形成国民经济良性循环；推动金融、房地产同实体经济均衡发展，实现上下游、产供销有效衔接，促进农业、制造业、服务业、能源资源等产业门类关系协调；优化供给结构，改善供给质量，提升供给体系对国内需求的适配性；破除妨碍生产要素市场化配置和商品服务流通的体制机制障碍，降低全社会交易成本；完善扩大内需的政策支撑体系，形成需求牵引供给、供给创造需求的更高水平动态平衡。

近年来，随着供给侧结构性改革取得成效，制度红利开始加速上扬，资源配置效率和全要素生产率企稳回升，但是新一轮的改革红利还没有完全释放，尚不能承担起拉动中国经济常态化增长的重任。因此，在经济复苏全面完成后，必须重新激发市场主体活力，以构建高标准市场经济体系为目标，加快推出新一轮改革开放，巩固全要素生产率企稳回升成果。特别是要细化和落实《关于构建更加完善的要素市场化配置体制机制的意见》和《关于新时代加快完善社会主义市场经济体制的意见》两个纲领性改革文件的具体实施方案，开启新一轮以推动形成国内市场大循环为导向的供给侧结构性改革，持续释放制度红利，以解决我们面临的深层次结构性与体制性问题，巩固疫情前中国全要素生产率企稳回升的不易成果。

（二）推动实施国家科技发展战略

推动实施国家科技发展战略，在关键技术、核心技术方面进行布局和取得重要突破，使创新驱动战略能够取得更大成功。"十三五"期间，我国在这方面进行了大量布局，包括相关的基础性研究，产教融合、科教融合课题，以及新型举国体制下的科技攻关项目。"十四五"时期，以大市场所孕育的市场化创新项目和以新型举国体制为主的基础研发和重点研发"两条腿"相结合，在关键技术、关键环节可能会有重大突破，这也是我国从科技大国向科技强国迈进的必经之路。同时，坚实完善的新型基础设施建设使得我国在数字经济领域也大放异彩。疫情是我国数字经济全面发展的催化剂，同时全球贸易环境也是我国数字经济实践和发展的重要发动机，在两大契机的共同作用下，结合我国自身经济战略布局的特点，"十四五"时期将是我国基础设施数字化改造提升旧动能、培育新动能的发展关键期，数字经济发展必定会走上一个新的台阶。

"十三五"以来，我国创新驱动发展战略深入推进，创新正在成为引领发展的第一动力。统计数据显示，2019 年我国科技进步贡献率达59.5%，在世界知识产权组织发布的 2020 年全球创新指数中，我国位居第 14 位，创新型国家建设取得新进展。2020 年以来，我国高科技产业增加值和投资双双保持高速增长。在新一轮科技革命和数字化生产兴起的背景下，突破关键领域科技发展瓶颈，成为畅通国内大循环的重大考验。在构建新发展格局战略引领下，我国将加快布局解决科技领域面临的瓶颈问题，以及关键产业发展需要的高端设备、重点零部件和元器件进口依赖问题。

疫情阻击战和经济复苏保卫战显示了中国的制度优势和经济体系与产业链的弹性与韧性，也为我国战略深化和战略转型提供了战略契机。疫情冲击下中国新兴产业、高技术产业逆势增长，在稳健复苏的基础上，开始谋求突破重点产业链和战略性新兴产业中的"卡脖子"关键核心技术，培育关键核心技术创新能力，由此带来新技术新产业发展的新机会。

（三）加快培育新增长极

在区域协调发展、新型城镇化和畅通国内大循环的新发展格局下，未来我国可能会出现一批新的增长极，特别是中西部地区的增长极可能会全面凸显。比如成都、重庆、郑州、武汉、西安，这些地方既有市场扩展的深度，又有创新的能力，伴随着全国产业梯度转移的创新驱动政策的支持，可能会迎来新的发展契机。在此基础上，以都市圈、城市群为主体的经济版图，可能会出现一些新的变化。为此，需要完成新战略与一些传统战略的转换对接，包括关键技术布局与新基建调整、安全性再布局与结构性调整之间的契合。

（四）优化"两新一重"基建布局

作为积极财政政策的重要抓手，地方债尤其是专项债已逐步成为稳定经济增长的着力点之一。在抗疫情、稳增长背景下，2020年专项债募投领域已经发生显著变化，投向更为精准，资金更多地投向基建领域，尤其是传统基建及民生领域，并根据"六稳"和"六保"的政策需求不断创新募投品种，面对疫情适应性地增加了应急医疗救治领域，进一步解决疫情防控需求，同时拓宽了新基建、老旧小区改造、冷链物流等领域，更全面地发挥了补内循环短板、稳经济增长的作用。根据对新增专项债募投项目的梳理，投向"两新一重"领域的专项债资金合计占比接近四成，其中新增专项债中交通领域占比26%，用于铁路相关建设的专项债资金占比约33%，更加注重传统基建对经济的支撑作用；"两新"领域占比提升明显，但新基建领域占比仍较低，仅为8.5%，且基本以城际高速铁路和轨道交通为主，信息基础设施类相对较少，且多数信息产业园项目为园区市政建设内容；新型城镇化建设以城市更新、城乡建设为抓手加快推进，占比已升至15.3%，新增"城镇老旧小区改造"专项债品种，城市更新相关项目储备逐步充足，且城乡建设中的专项债投入规模较此前年份有明显上升，后续占比有望进一步攀升。另有约16%的专项债投向民生领域，其中又有超五成用于医疗领域。同时结合目前我国公共卫生防疫体系、应急救治领域仍待进一步完善的现状，例如传染病筛查速度及准确度有待提升、应急物资储备不足、医疗资源调运机制不够完善等，地方债投向也根据疫情需求增加了应急医疗救治领域，更具针对性地弥补医疗领域里的应急体系短板。此外，基于我国冷链物流基础设施不完善、流通率和运输率相对较低、区域资源不均衡的情况，地方债范围进一步拓宽，为冷链物流这一短板领域提供了有效的政府资金保障，虽目前整体比例较低，但具有较大的提升空间，尤其是在资源相对丰富的中西部地区。

（五）因地制宜补短板促循环

推进内循环需结合区域特点及发展短板因地制宜推进。从专项债募投项目来看，目前西部地区更多向交通领域倾斜，中部地区持续加快疫情冲击后医疗体系的完善，东北地区持续做好市政及棚改建设加快城市更新，东部地区优先推进以城镇旧改为抓手的新型城镇化建设。

具体来看，东部省份投向市政产业园基础设施、交通基础设施建设规模相近，占比均为28%左右；其次为民生服务、生态环保，募投占比均超10%。此外，值得注意的是，旧改项目中近六成为东部省份项目，由于在快速的城市更新中消化了大部分棚户区，且乡村发展相对领先，专项债或更多地投向城镇老旧小区改造，优先推进新型城镇化建设。中部地区投向市政产业园基础设施建设的占比接近四成，约17%投向民生服务，并以医疗卫生为主，占比高于其他区域，或与疫情冲击较大、抗击疫情背景下的医疗资源需求相对较高有关。西部地区经济发展相对落后，地方债投向首先需考虑稳增长需求，从而更多地向交通基建领域倾斜，西部省份募投规模平均占比为31%，云南、甘肃等省份规模居前；其次为市政和产业园区基础设施建设，平均占比30%；同时，考虑到医疗资源分布不均衡等问题，另有17%的资金投向民生服务，宁夏、云南等省份用于医疗卫生的资金占比超七成，进一步弥补了西部地区医疗水平落后、民生保障不足的发展短板。东北地区募投规模整体较小，超四成用于市政产业园区基础设施建设，24%用于交通基础设施建设。此外，东北地区用于棚改项目的占比高于其他区域，或表明东北地区棚改存量仍较大、建设进度仍较慢，需加快推进城市更新促循环。

（六）基层项目领域行政层级下沉

新冠肺炎疫情冲击持续暴露出我国基层建设的短板。为更好地促循环，政府债券资金的投向需从基层抓起，万亿抗疫特别国债、县城新型城镇化建设专项企业债等均体现出政策对保基层运转、保基层民生的侧重。2020年以来，专项债项目行政层级已逐渐趋于下沉，超九成用于市县级项目，省级项目数量占比不足4%。具体来看，区县级专项债项目数量接近12 000个，规模为1.37万亿元，占新增专项债规模的50.3%；其次为地市级项目，募投项目数量为4 760个，募投规模超过1万亿元，占比为40.2%；剩余为省级项目，募投规模不足新增专项债的10%。在政策加强"两新一重"建设的背景下，省级项目多投向交通基础设施领域，而市县级项目更加注重城市更新、基层民生保障等，抓牢内循环发展薄弱点。分类来看，省级项目主要投向交通基础设施领域，以大型城际高速铁路和城际轨道交通项目为主，占比近八成，明显高于市县级项目；其次为民生服务，占比接近 10%，多集中于西部及东北地区，仍处于从省级层面大力提升民生保障力度的阶段；基本无信息网络建设及旧改类项目，此类项目实施多在市县。地市级项目中投向交通基础设施建设的超过三成，且交通领域项目中五成为地市级项目，多与城市交通例如轨道交通、公交等项目建设相关；其次为市政和产业园区基础设施建设领域，占比接近三成；此外，城乡建设类项目中近六成为地市级项目，城乡一体化建设多以地市为单位统筹推进。对区县级项目而言，募投范围广，且大多数领域中区县级项目规模占比明显高于其他行政层级项目。由于区县城市发展水平及民生保障体系相对落后，对城市建设、民生服务等相关建设需求较大，区县级项目中四成投向市政和产业园区基础设施，18% 投向民生服务，同时近八成旧改类项目为区县级项目。此外，农林水利、生态环保、信息网络建设、文旅等领域项目中区县级项目规模占比均超 60%，也在一定程度上反映了目前我国区县级行政区在较多基建领域仍有相对更大的建设发展需求。

（七）城市更新助力内循环

党的十九届五中全会提出，"实施城市更新行动，推进城市生态修复、功能完善工程，统筹城市规划、建设、管理，合理确定城市规模、人口密度、空间结构，促进大中小城市和小城镇协调发展"。城市更新的意义在于通过更新改造拓展存量空间、促进产业升级、完善城市功能、推动社会公平，最终实现生产、生活、生态的高度融合。城市更新因其自身内嵌的经济、社会、环境目标与内循环核心要素高度契合，从而成为我国新经济模式下重塑城市产业结构、提升消费水平、改善人居环境、推动城市向内涵式发展转型的重要路径。

在以国内大循环为主的经济发展模式下，城市更新将有效发挥四大作用：

第一，盘活低效空间，推动产业升级。我国过去的城市空间结构是针对和适应传统产业结构形成的，未来需要通过城市更新为新产业发展提供新的空间。城市转型发展理论认为，城市更新会促进高附加值的现代服务业和高新技术产业向城市中心区集聚，同时会促进低附加值的制造业外迁，从而优化城市产业空间布局，在城市内部形成新的产业增长热点。在具体的实践过程中，城市更新通过"工改工"、"工改商"或"商改商"，实现土地同用途基础上利用效益的提升或用途转变后产业形态的升级。更新实施后更加精准的定位、招商，一方面能够使区域内工业实现转型升级，另一方面配套的服务型企业占比进一步提升也能够进一步实现人才聚集。

第二，改善人居环境，惠民生扩内需。2020 年国务院办公厅印发《关于全面推进城镇老旧小区改造工作的指导意见》，提出城镇老旧小区改造是重大民生工程和发展工程，对满足人民群众美好生活需要、推动惠民生扩内需、推进城市更新和开发建设方式转型、促进经济高质量发展具有十分重要的意义。城镇老旧小区改造立足民意，实施的系统性改造或综合整治都有助于提升住宅小区的居住空间价值和生活服务价值，能对改善人居空间环境起到重要的作用。老旧小区改造在改善人居环境的同时，还将起到扩内需的作用。据统计，截至 2019 年，全国共有老旧小区近 16 万个，涉及居民超过 4 200 万户，建筑面积约为 40 亿平方米，投资总额可达 4 万亿元,如改造期为五年,每年可新增投资约 8 000 亿元以上。具体来看,城镇老旧小区综合改造一方面能够通过补齐幼儿园、小超市、停车场等短缺的服务设施扩大居民消费,另一方面也能开拓银发消费、幼儿消费等新消费模式,促进绿色发展和节能减排,改造过程中对金融、能源、材料、工程、生活用品等相关产业链的拉动均见效较快。

第三,激发商业活力,释放消费潜力。旧商业区或存量运营不善的商业业态通过更新改造能够有效实现运营效能的提升、消费规模的扩大。以步行街更新改造为例,从 2018 年底起,商务部在 11 个城市开展首批步行街改造提升试点工作,2019 年,11 条步行街总客流量和营业额同比分别增长 22.6% 和 17.0%,示范带动作用明显。截至 2021 年 7 月,全国试点步行街数量已达 23 条,试点步行街客流量、营业额同比分别增长 58.3%、46.0%,品牌集聚度显著提高,业态日益多元丰富。城市更新通过对传统商业的改造,提供丰富的时尚商业形态,顺应了消费从纯物质消费向精神消费、绿色消费、文化消费、健康消费等转变的需求趋势。

第四,开发人文资源,优化城市功能。城市更新过程中挖掘和弘扬城市的历史文化,加强生态资源保护,为居民构建丰富、自然、和谐的生产与生活空间,建设人文绿色生态城市。除了自然资源的修复和保护,城市更新在文化资源保护和挖掘方面也具有重要作用。特别是针对旧历史街区的更新改造,通过系统的运营使景区成为消费热点区域,产生消费效应,进一步促进内需的释放。

(八)坚持扩大内需战略

在双循环新发展格局下,以扩大内需为战略基点,意味着新方案不能够简单地等同于凯恩斯的"总需求管理政策",而必须真正从扩大内需的战略层面展开，需要长期的改革方案、中期的战略调整方案和短期的政策方案相配合，这就要求我们从制度层面、机制层面和政策层面进行多维调整。因此，扩大内需战略将向消费促进倾斜、向收入分配改革领域延伸，改善中期预期和市场信心，完成与疫情救助政策的对接。特别是在完成脱贫攻坚目标和解决相对贫困时期的主要矛盾之后，重点推出中产阶层倍增计划，从数量倍增和收入倍增两个维度展开。

第二章

新发展格局的时代背景

改革开放以来，我国经济社会发展取得了举世瞩目的成就，但在新时期面临着新的发展困境和新的挑战，特别是随着新时代对经济高质量发展的需求，传统发展格局和增长模式的局限日益凸显，传统的发展方式难以为继[①]。"加快形成以国内大循环为主体、国内国际双循环相互促进的新发展格局"是以习近平总书记为核心的党中央根据我国发展阶段、环境、条件变化提出的最新判断和强国战略，具有重大的历史意义。

第一节
新发展格局的历史逻辑

新中国成立之后的经济政策反映了特定社会经济发展的实际需求，呈现出鲜明的阶段性变化，沿着从内外循环完全隔绝到劳动力要素局部参与外循环、其他要素渐次涉足外循环，再到更高水平地协调内外循环的路径持续进行着调整。

从 1949 年至 1978 年，属于计划经济体制下的对外贸易统一管理阶段，经济政策导向以发展国内自循环为主，对外贸易的定位是"互通有无、调剂余缺"，仅作为国内经济的补充部分。新中国成立初期，为了对内迅速恢复国民经济、对外迅速扭转长期以来的贸易逆差，基本经济政策

---

① 刘伟，刘瑞明．新发展格局的本质特征与内在逻辑．宏观经济管理，2021（4）：7-14.

以"对内的节制资本和对外的统制贸易"为基调，实行贸易经营权管理、进出口计划管理、保护性关税和外汇管制，建立和落实由国家统负盈亏、统一领导的独立自主的对外贸易管理体制。

1978 年实行改革开放后的 40 余年，我国经济经历了从主要依靠国内循环、逐步深入融入国际循环到国内国际循环相对平衡的过程。1978 年，我国出口依存度（出口占 GDP 比重）为 4.6%，进口依存度（进口占 GDP 比重）为 5.1%，经济基本处于封闭状态。之后直至 2001 年，伴随着改革开放，我国开始逐步融入国际经济，政策导向以出口为主、进口为辅，鼓励发展以劳动力要素参与外循环的加工贸易，贸易的定位发生了质的变化，从"调剂余缺"转变为"推动经济增长"。改革开放政策明确了对外贸易在国民经济发展中的重要地位，树立了"促进出口、限制进口，保护与促进国民经济发展、保证国家关税收入"的对外开放总方针，政策动机从单纯的贸易保护转向扩大贸易顺差、积累外汇储备，政策管理方式也从微观经营机制管理转向宏观经济调整改革，并在税收、外汇等领域采取一系列配合措施。此后，我国对内改革、对外开放，逐步利用国内国际两种资源、两个市场，融入国际经济大循环，在 1994 年时我国出口依存度与进口依存度分别达到阶段性高点 21.4%、20.5%。

加入 WTO 后，我国成为"世界工厂"。从 2002 年至 2011 年，经济格局开始进入对外加速融入国际循环、对内完全放开贸易经营权的阶段，政策导向从"鼓励出口"向"坚持出口和进口并重"转变，资本、技术等要素渐次涉足外循环。这一时期，我国参与国际经济循环的内外部环境大幅优化，关税水平、贸易政策不确定性、贸易规则不透明性大幅下降，国内行政管理制度改革和法制建设，尤其是《对外贸易法》的修订，显著促进了统一、规范、透明的对外贸易制度体系的形成。例如，我国加权平均关税从 2001 年的 9.1％下降到 2004 年的 6.4％；为适应 WTO 规则及兑现入世承诺，我国从中央到地方全面清理、修订了大批各类法律法规，仅当时的外经贸部便清理各类法律、法规、部门规章和政策措施一千余份。2006年我国出口依存度与进口依存度分别达到 35.4％、28.9％，达到了有记录以来的最高点。至此，我国经济参与国际循环达到最高峰。此后，随着我国经济规模逐步扩大，以及 2008 年金融危机的爆发，我国经济进入国内循环和国际循环逐步平衡的发展阶段。

从 2012 年至今，经济政策以"稳增长、转方式、调结构"为中心基调，致力于在建设强大国内市场的同时推动更高水平的对外开放。这一阶段的政策导向从之前的"进出口并重"转向 2012 年提出的"扩大进口规模"，并于 2018 年进一步提出"扩大进口促进对外贸易平衡"。具体来看，2012 年提出要积极扩大先进技术设备、关键零部件和能源原材料的进口，扩大自发展中国家的进口，鼓励开展直接贸易，并对多种进口产品下调暂定关税税率①。2018 年，进一步提出要支持关系民生的产品进口，拓展对"一带一路"相关国家的进口，举办进口博览会等进口促进活动，建设进口促进创新示范区等进口平台②。2020 年十九届五中全会公报更是明确提

---

① 2012 年 4 月 30 日，国务院出台《关于加强进口促进对外贸易平衡发展的指导意见》，指明新时期对外贸易的三个"进一步"主要任务："进一步优化进口商品结构，稳定和引导大宗商品进口，积极扩大先进技术设备、关键零部件和能源原材料的进口，适度扩大消费品进口。进一步优化进口国别和地区结构，在符合多边贸易规则的条件下，鼓励自最不发达国家进口，扩大自发展中国家进口，拓展自发达国家进口。进一步优化进口贸易结构，鼓励开展直接贸易，增强稳定进口的能力，支持具备条件的国内企业'走出去'。"

② 2018 年 7 月 2 日，中央各部门联合发布《关于扩大进口促进对外贸易平衡发展的意见》，正式强调"积极扩大进口"在贸易政策中的重要性，并从优化进口结构促进生产消费升级、优化国际市场布局、积极发挥多渠道促进作用、改善贸易自由化便利化条件等四方面提出了促进进出口平衡发展的 15 条政策举措。

出要坚持扩大内需这个战略基点，畅通国内大循环、促进国内国际双循环，拓展投资空间。到 2019 年，我国出口依存度与进口依存度分别为 17.4％、14.5％。在 2020 年上半年，我国正式提出建设以国内大循环为主体、国内国际双循环相互促进的新发展格局，未来国内循环和国际循环的关系将进入新阶段。

新发展格局是遵循现代大国经济崛起一般规律的产物。包括英国、美国、德国、日本在内的大国经济史都表明，在市场经济体系下，任何经济大国的成长都需经历由弱到强、由"以外促内"转向"以内促外"的必然调整，大国经济崛起最为关键的标志就是构建起安全、可控、富有弹性和韧性、以内为主、控制世界经济关键环节的经济体系。我国从出口导向的发展模式转向强调内需拉动、创新驱动的发展模式，是符合大国经济发展的历史规律的①。

可以看出，一直以来，我们党关于经济增长目标的制定始终是明确的，并且伴随社会经济的发展不断有所修正，总体上看符合中国实际，也是积极可行的。进入 21 世纪后，早在 2006 年出台的"十一五"规划中，就明确提出对"两头在外"出口导向型发展战略进行调整，要求"立足扩大国内需求推动发展，把扩大国内需求特别是消费需求作为基本立足点，促使经济增长由主要依靠投资和出口拉动向消费与投资、内需与外需协调拉动转变"。党的十八大以来，党中央根据新时代面临的新格局、新挑战、新规律和新使命，提出了一系列以内需拉动和创新驱动促进经济发展的举措：2012 年底的中央经济工作会议提出，以"扩大内需、提

---

① 刘元春 . 深入理解新发展格局的丰富内涵 . 山东经济战略研究，2020（10）：30－33.

高创新能力、促进经济发展方式转变"替代"简单纳入全球分工体系、扩大出口、加快投资"的传统模式；2014 年中央经济工作会议提出经济发展新常态，要求对"三期叠加"面临的深层次问题进行梳理；2015 年中央经济工作会议提出新发展理念和供给侧结构性改革，并进行了全面战略部署；2016 年的"十三五"规划，要求"必须准确把握战略机遇期内涵和条件的深刻变化……切实转变发展方式，提高发展质量和效益，努力跨越'中等收入陷阱'，不断开拓发展新境界"；2018 年中央经济工作会议在深化供给侧结构性改革的基础上提出"畅通国民经济循环""促进形成强大国内市场"；2019 年的《政府工作报告》将"畅通国民经济循环""持续释放内需潜力""促进形成强大国内市场"作为关键词；2019 年中央财经委员会第五次会议决定要"坚持独立自主和开放合作相促进，打好产业基础高级化、产业链现代化的攻坚战"。因此，党中央在 2020 年提出"以国内大循环为主体、国内国际双循环相互促进的新发展格局"，是在过去十多年持续探索的基础上，对以往各种政策构想和战略思维进行的全面提升和综合。关于新发展格局的理论与新常态理论、新发展理念、供给侧结构性改革以及高质量发展理论一脉相承，是习近平新时代中国特色社会主义经济思想和中国特色社会主义政治经济学的新发展。

| 第二节 |

改革开放以来我国经济发展取得的伟大成就

一、社会经济获得长足发展

改革开放以来，我国坚持以经济建设为中心，不断解放和发展社会生产力，国内生产总值由 1978 年的 3 679 亿元增长到 2020 年的 101.6 万亿元，年均实际增长率超过 10％，远高于世界经济 2.9％左右的年均实际增长水平。"我国是世界第二大经济体、制造业第一大国、货物贸易第一大国、商品消费第二大国、外资流入第二大国，我国外汇储备连续多年位居世界第一"①，日益成为世界经济增长的动力之源、稳定之锚。在国内生产总值不断提高的同时，我国也成功地由低收入国家跨入中等偏上收入国家行列。在扣除价格因素后，我国人均国内生产总值比改革开放初期增长了近 29 倍。人均国民总收入（GNI）由 1978 年的 200 美元提高到 2020 年的 10 190 美元，超过中等偏上收入国家平均水平，在世界银行公布的 217 个国家（地区）中排名上升到第 63 位。

在国际贸易方面，我国货物进出口规模实现跨越式发展。1978 年到

---

① 习近平. 在庆祝改革开放 40 周年大会上的讲话.（2018 - 12 - 18）[2022 - 01 - 15]. http：//www.xinhuanet.com/2018-12/18/c _ 1123872025. htm.

2020 年，按人民币计价，我国进出口总额从 355 亿元提高到 32 万亿元，增长了约 900 倍，年均增速达 17.6%。其中，出口总额从 168 亿元提高到 17.9 万亿元，增长了约 1 064 倍，年均增速为 18.1%；进口总额从 187 亿元提高到 14.2 万亿元，增长了约 759 倍，年均增速为 17.1%。改革开放之初，我国货物进出口占国际市场的份额仅为 0.9%，至 2020 年，我国货物进出口占国际市场的份额超过 12%。

在经济总量不断扩大的同时，我国的经济发展水平不断提高，三大产业结构在调整中不断优化。我国坚持巩固加强第一产业、优化升级第二产业、积极发展第三产业，农业基础地位更趋巩固，工业逐步迈向中高端，服务业成长为国民经济第一大产业。

在农业与农村方面，我国粮食产量已由 1978 年的 6 000 多亿斤增长到 2017 年的 13 390 亿斤。目前，我国稻谷、小麦、玉米等主要粮食作物完全可以自给，肉蛋菜果鱼等产量稳居世界第一。与此同时，休闲农业和乡村旅游蓬勃发展，2020 年接待游客近 29 亿人次。2020 年，我国农村居民人均可支配收入达到 17 131 元，是 1978 年的 127 倍。在农村经济发展、农民普遍增收的基础上，农村基础设施建设不断加强。超过 91% 的乡镇实现集中或部分集中供水，电力、公路、宽带、有线电视条件显著改善，农村面貌日新月异。根据中国农村居民每人每年生活水平在 2 300 元以下（2010 年不变价）的现行贫困标准，经过党的十八大以来 8 年持续奋斗，到 2020 年底，中国现行标准下 9 899 万农村贫困人口全部脱贫，832 个贫困县全部摘帽，12.8 万个贫困村全部出列，区域性整体贫困得到解决①。

---

① 国务院新闻办公室. 全面建成小康社会：中国人权事业发展的光辉篇章. (2021 - 08 - 12) [2022 - 01 - 16]. http://www.gov.cn/xinwen/2021-08/12/content_5630894.htm.

按照世界银行国际贫困标准，中国减贫人口占同期全球减贫人口 70％ 以上。中国提前 10 年实现了《联合国 2030 年可持续发展议程》减贫目标，为全球减贫事业发展和人类发展进步做出了重大贡献。改革开放以来，我国农村居民收入水平持续提高，生活水平显著改善，基本医疗得到有效保障，义务教育权利得到充分维护，贫困人口全部脱贫，我国农村从普遍贫困走向整体消除绝对贫困，创造了人类减贫史上的奇迹。

在工业方面，我国也取得了举世瞩目的成就，建立了门类齐全的现代工业体系，跃升为世界第一制造大国。在改革开放前，我国工业基础比较薄弱，1978 年工业增加值仅有 1 622 亿元。改革开放后，1992 年工业增加值突破 1 万亿元大关。2007 年突破 10 万亿元大关，2012 年突破 20 万亿元大关。2020 年工业增加值超过 31 万亿元，按可比价计算，比 1978 年增长了 60 倍，年均增长 10％。主要经济指标迅猛增长。2020 年工业企业资产总计达到 126 万亿元，较 1978 年增长了 280 倍；实现利润总额 6.5 万亿元，较 1978 年增长了 108 倍。由于工业长期保持较快增长，我国制造业在世界中的份额持续攀升。1990 年我国制造业占全球的比重为 2.7％，居世界第九位；2000 年上升到 6.0％，位居世界第四位；2007 年达到 13.2％，居世界第二位；2010 年占比进一步提高到 19.8％，跃居世界第一位，自此连续多年稳居世界第一。

在服务业方面，改革开放后，党和国家以改善人民群众生活为突破口，采取各项积极有力措施，加快服务业发展，逐步取消和降低了部分服务业市场准入门槛，探索并推进金融、电信、交通、房地产等行业市场化改革，不断放开服务业各领域价格管制，服务供给得到有效改善，生产效率大幅提升。1978—2020 年，我国服务业增加值从 905 亿元增长到

553 977亿元；服务业占 GDP 的比重从 24.6％上升至 55％；对国民经济增长的贡献率从 28.4％上升至 47.3％，成为国民经济第一大产业和经济增长的主动力。党的十八大以来，我国大力推进服务领域改革，服务业迸发出前所未有的生机和活力，新技术、新产业、新业态、新商业模式层出不穷，服务业成为保障就业、财税、新增市场主体稳定增长的重要力量和基石。

二、人民生活水平显著改善

改革开放 40 余年来，我国居民收入节节攀升，消费水平大幅提高，消费质量显著改善。随着人民生活水平的不断提高和市场供给端的长足进步，居民消费实现了由实物型向服务型的转变，文化娱乐、休闲旅游、大众餐饮、教育培训、医疗卫生、健康养生等服务型消费成为新的消费热点。

在餐饮消费方面，2019 年，社会消费品零售总额中餐饮营业额 6 557.4亿元，是 1978 年的 892 倍，年均增长 17.6％，比社会消费品零售总额年均增速高 3.4 个百分点。在旅游消费方面，数据显示，虽然受到疫情余波影响，但是在 2020 年，我国人均出游仍达 2 次，国内旅游人数达到 28.8 亿人次，是 1994 年的 5.5 倍，年均增长 6.8％。2020 年全国旅游总花费约 2.2 万亿元，是 1994 年的 21.8 倍，年均增长 12.6％。在文化娱乐消费方面，国家新闻出版广电总局电影局发布的数据显示，2019 年全国电影总票房 642.7 亿元，比 1991 年增长超过 25 倍，年均增长约 12％；2012 年以来我国电影市场规模稳居世界第二，2012 年总票房为北美市场的 25％，而由于疫情防控得当，经济生活逐渐恢复正常，2020 年我国总票房首次超越北美，成为全球第一大电影市场。特别是国产电影市场发展良好，产量稳中有升，从 2013 年起，其市场份额始终保持在 50% 以上，其中，2019 年达到了 64.1%。

同时，党和政府始终坚持在发展中不断改善人民生活、增进人民福祉、保障人民权利，全面推进幼有所育、学有所教、劳有所得、病有所医、老有所养、住有所居、弱有所扶。40 余年来，我国建成了包括养老、医疗、低保、住房在内的世界最大的社会保障体系，养老、医疗、失业、工伤、生育保险制度日趋完善，基本养老保险覆盖超过 9 亿人，医疗保险覆盖超过 13 亿人，基本实现全民医保。失业、工伤、生育保险的参保人数均达到 2 亿人左右，覆盖了绝大多数职业群体。企业退休人员基本养老金自 2005 年以来连续 14 年上调，城乡居民养老保险基础养老金最低标准、失业保险、工伤保险等各项社会保险待遇水平，都随经济社会发展得到了相应提高。随着新型农村合作医疗制度在全国的推广建立，以及近年来基本医保和大病保险保障水平的提高，居民看病就医较以前更加便利，得到了更多政府补助，居民医疗保健支出明显增加。2020 年，城镇居民人均医疗保健支出 2 172 元，1979—2020 年年均增长 16%；人均医疗保健支出占比为 5%。2020 年，农村居民人均医疗保健支出 1 418 元，1986—2017 年年均增长 16.1%；人均医疗保健支出占比为 8.3%。根据中国人口普查数据，1982 年中国人口平均预期寿命是 67.8 岁，2020 年中国人口平均预期寿命上升到 77.3 岁，增加了 9.5 岁，健康水平已优于中高收入国家平均水平。免费基本公共卫生服务扩展到 14 类，开展 21 种大病集中救治，细化慢性病签约服务，加强重病兜底保障，农村贫困人口医疗费用报销比例提高到 80% 以上。

三、全面融入世界经济体系

改革开放以来，我国不断发展与世界各国或地区在贸易、投资等领域的交流与合作，全方位融入世界经济，参与经济全球化的能力大幅提升。自 2001 年加入世界贸易组织后，我国切实履行承诺，坚定支持多边贸易体制，积极推进贸易投资自由化便利化，全力支持发展中国家融入多边贸易体制，坚定反对单边主义和保护主义。党的十八大以来，我国坚定不移奉行互利共赢的开放战略，通过二十国集团、金砖国家等机制，建设性参与全球经济治理。2015 年底，亚洲基础设施投资银行宣告成立，这是首个由我国倡议成立的多边金融机构，目前已拥有遍及全球的 87 个成员，具有全球代表性和影响力。

在我国深度融入全球经济体系的同时，区域经济合作也不断深化，自由贸易区战略加快实施。20 世纪 90 年代以来，我国积极参与亚太经合组织、上海合作组织和亚欧会议等区域性合作，在推进多边经济合作中发挥了重要作用。到 2020 年底，我国已签署 19 个自贸协定，涉及 26 个国家和地区，覆盖亚洲、拉美、大洋洲、欧洲和非洲等。已签署的自贸协定中，零关税覆盖的产品范围超过 90%。我国还在推进多个投资和自贸协定谈判，并于 2020 年签订《中欧全面投资协定》（中欧 CAI）和《区域全面经济伙伴关系协定》（RCEP）。其中，RCEP 是目前亚洲正在建设的规模最大的自由贸易区，涵盖全球一半以上人口，经济和贸易规模占全球的 30%；而中欧双边货物贸易总额达 6 000 亿美元左右，人口合计 19 亿人，经济总量占全球的 1/3。上述两个协定的签署，进一步推进了我国深度开放和融入全球的进程，有助于提振全球贸易和投资、促进全球经济复苏。

四、国际地位持续不断提高

改革开放 40 余年来，在国际形势复杂多变、国际竞争压力不断加大的情况下，我国经济社会发展经受住了各种重大挑战，社会生产力快速发展，综合国力大幅提升，人民生活明显改善，社会事业全面发展，国际地位和影响力明显提高，取得了举世瞩目的成绩。党的十九大提出，中国经济已由高速增长阶段转向高质量发展阶段。在国家推动实施供给侧结构性改革和双循环战略的背景下，尽管近年来我国经济增速有所放缓，但是和全球其他国家相比仍然处于高速增长状态。2020 年面对新冠肺炎疫情的冲击，我国统筹疫情防控和经济社会发展工作，就业民生保障有力，经济运行平稳恢复，社会主要发展目标完成情况好于预期，经济依然实现了 2.3% 的增长，是世界上唯一实现正增长的主要经济体。在经济高速发展的同时，我国高举和平、发展、合作、共赢的旗帜，恪守维护世界和平、促进共同发展的外交政策宗旨，推动建设相互尊重、公平正义、合作共赢的新型国际关系。坚持世界各国和各国人民应该共同享受尊严、共同享受发展成果、共同享受安全保障。坚持国家不分大小、强弱、贫富一律平等，尊重各国人民自主选择发展道路的权利，反对干涉别国内政，维护国际公平正义。不把经济的长期发展建立在一批国家越来越富裕而另一批国家却长期贫穷落后的基础之上。同时，"我们要尊重各国人民自主选择发展道路的权利，维护国际公平正义，倡导国际关系民主化，反对把自己的意志强加于人，反对干涉别国内政，反对以强凌弱。我们要发挥负责任大国作用，支持广大发展中国家发展，积极参与全球治理体系改革和建设，共同为建设持久和平、普遍安全、共同繁荣、开放包容、清洁美丽的世界而奋斗。我们要支持开放、透明、包容、非歧视性的多边贸易体制，促进贸易投资自由化便利化，推动经济全球化朝着更加开放、包容、普惠、平衡、共赢的方向发展"[①]。

| 第三节 |

第三节
国际环境的新变化

一、世界经济中心转移

2020 年新冠肺炎疫情的全球肆虐短期内加剧了世界经济发展的不均衡不平等。国际劳工组织报告指出，受疫情影响，2020 年的前 6 个月，统计范围内三分之二国家的月平均工资有所下降或增长放缓，疫情或对近期平均工资水平造成巨大的下行压力[②]。联合国贸发会议发布《2020 年最不发达国家报告》指出，新冠肺炎疫情将在全球最不发达国家的减贫、教育等领域产生负面影响，使 3 200 万人重新陷入极端贫困[③]。其中 47 个最不发达国家 2020 年的经济表现为近 30 年来最差，导致贫困率从 32.5％上升到

① 习近平. 在庆祝改革开放 40 周年大会上的讲话. 人民日报，2018 - 12 - 19.

② 陈俊侠. 国际劳工组织：新冠疫情导致很多国家平均工资下降或增长放缓.（2020 - 12 - 02）[2022 - 01 - 16]. http：//www. xinhuanet. com/2020 - 12/02/c＿1126814356. htm.

③ 凌馨. 贸发会议报告：最不发达国家亟待提高生产能力以复苏经济.（2020 - 12 - 04）[2022 - 01 - 16]. http：//www. xinhuanet. com/2020 - 12/04/c＿1126821349. htm.

35.7%。但是，从中长期看，由于东亚地区对疫情的处理得当，为后疫情时代经济的复苏奠定了坚实的基础。我国得当的封锁措施和疫情防治最大限度地减小了疫情暴发对经济的冲击，没有给未来经济增长带来明显的长期性损伤。2020 年，中国全年经济增长为 2.3%，是全球唯一实现正增长的主要经济体。此消彼长，在疫情冲击的作用下，中国经济的快速复苏具有十分重要的战略意义，不仅使得世界经济中心东移的进程加快，更彰显了中国制度的显著优势，为加快构建以国内大循环为主体、国内国际双循环相互促进的新发展格局创造了战略时机和坚实基础①。

二、全球经济严重衰退

根据国际主要机构的最新预测，由于疫情原因，2020 年全球 GDP 经历了−5.1%至−4.4%的负增长，由于新冠肺炎病毒及其变异株在全球范围的持续肆虐，尤其是由于德尔塔变异株的快速蔓延，又给欧美经济复苏增加了新的困难，虽然美国通过了大规模的基建法案以刺激经济，但是疫情导致各企业复工复产计划被打乱，势必会对美国的经济复苏产生长久的不利影响。

三、逆全球化面临加速风险

随着全球化动能的加速弱化，人口老龄化、收入不平等、技术进步差异化、高债务、公共品缺失、治理体系恶化、民粹主义、贸易保护主义、地缘政治等九大问题会持续恶化，大国博弈将持续掀起新浪潮。当前世界

---

① 世界经济重心东移趋势日显. (2020 − 12 − 07) [2022 − 01 − 16]. https://www.ndrc.gov.cn/fggz/gjhz/zywj/202012/t20201210_1252509_ext.html.

正在经历第四次逆全球化。纵观人类历史上的四次逆全球化，一个很重要的基本规律是逆全球化往往发生在大国博弈、超级强国博弈时期，持续时间往往在 20 年左右。从 2008 年开始的第四次逆全球化，当前不仅没有缓和，反而在加速，特别是新冠肺炎疫情使安全问题、产业链的"备胎"问题全面提出，即使新冠肺炎疫情得到全面控制，产业链供应链的重构也会导致逆全球化更进一步。疫情使得各种传统问题持续恶化，并带来基础性、结构性和趋势性的变化，深度衰退和复苏中枢的后移使世界在结构加速调整中充满不确定性。从数据上看，全球出口占 GDP 的比重，从 2008 年的最高点 26.5％下降到 2019 年的 21.6％，下降了 4.9 个百分点，2020 年较 2019 年又下降了 5 个百分点。2021 年 1 月 24 日联合国贸发会议《全球投资趋势监测报告》显示，2020 年全球 FDI 总额约为 8 590 亿美元，与 2019 年相比缩水 42％。全球服务贸易的收缩更为明显，世贸组织统计数据显示，在旅游服务贸易持续疲软的影响下，全球服务贸易继 2020 年出现 21％的跌幅后，2021 年一季度又同比下降了 9％。以此来看，世界各国并没有找到强劲增长的方法，由于疫情的全球肆虐导致各种传统问题的恶化，世界经济的长期停滞或进一步持续。全球经济增速持续低迷必定带来全球利益分配模式的质变，结构性问题将持续发酵，并带来世界格局变化和区域间冲突。党的十九届五中全会公报也提到国际力量对比深刻调整、国际环境日趋复杂的问题。后疫情时期，国际治理体系正处于加速解构过程当中，且又难以在短期之内得到恢复，国际治理能力正处于加速耗散的过程当中。虽然针对疫情之后的全球化治理已经有很多药方，但这些药方很多不仅没有解决问题，反而成为问题本身。展望未来，多边主义的力量可能有所削弱，而区域主义或将持续上扬。过去的一百多年，人类已经历四次逆全球化，其解决的方式都不是软着陆，而是产生了激烈碰撞。现在各国提供的方案能不能解决各个利益方的诉求，值得进行更深层次的思考。因此，未来五年是百年未有之大变局中的加速重构期，是世界经济动荡的一个关键期。

四、疫情加速全球供应链重构

当今世界处于百年未有之大变局。在新冠肺炎疫情暴发之前，以西方发达国家为首的贸易保护主义逐渐抬头、逆全球化趋势显现、中美贸易摩擦加剧、全球经济相对低迷等诸多因素，都推动着全球供应链格局的再调整。而在疫情暴发之后，各国加大对进出口的管制，各国经济遭受重创，各国贸易皆出现不同程度的停滞与受损，进一步加剧了供应链的调整以及国际贸易的不确定性。我国作为世界第二大经济体与"世界工厂"，在全球供应链中承担着不可或缺的角色。全球进口额的20%来自我国，世界90%的个人计算机与70%的手机均产自我国。因此，全球供应链格局的调整对我国既是机遇，同时也是挑战。

首先，本轮全球供应链的调整起始于西方发达国家主导的贸易保护主义抬头。例如在中美贸易摩擦中，美国通过对中国进口商品加征高额关税限制中国出口，人为设置贸易壁垒，并通过技术封锁等措施遏制中国产业的升级与发展。高筑的贸易壁垒在短期必然会加重我国的出口成本。为应对西方发达国家的强势措施，我国需要积极调整产业结构与供应链结构，而贸易摩擦又会进一步提升调整成本。

其次，自从特朗普执政后，美国就开始加速推行促进制造业回流的贸易保护政策。由于我国承接了大量美国制造业的转移，因此该回流政策对我国国内产业会形成直接影响。而疫情的发生可能会进一步加剧制造业供应链从我国向外转移。美国不仅直接要求本国企业回撤，同时还通过高额的关税倒逼其他在华企业向外转移。如受到中美贸易影响，日本企业三菱电机、东芝等纷纷迁回日本。主要原因之一就是美国对中国施加的高额关税使这些企业无法承受突然高企的出口成本，只能被迫在全球其他范围内重新布局供应链。与此同时，其他国家如越南、印度尼西亚、柬埔寨、印度等利用其廉价的劳动力以及其他要素成本优势，纷纷运用优惠政策吸引外资，进一步削弱了我国在全球供应链体系中的竞争地位。

再次，发达国家对我国进行技术封锁，限制本国企业向我国出口相关技术与产品。受制于"卡脖子"技术，我国在很多产业领域都高度依赖进口零部件与相关技术。虽然我国近几年在科技领域已实现长足的进步，但仍然在一些产业面临着技术难点无法突破的困境。例如电子信息、汽车、新能源、人工智能、科技医疗等领域皆存在显著的短板与空白。自2018年中美贸易摩擦爆发以来，美国多次以"国家安全"为由对我国进行技术封锁及对相关企业进行制裁，致使我国在一些重要产业领域，例如电子芯片、晶体管等，频频产生零部件断供的风险。短期内或许我们可以通过调整产业结构、加强国产技术研发与备选技术运用进行风险应对，但在长期在建立通畅的外循环、进一步加快国内产业升级的过程中，仍然面对明显的挑战。

第三章

双循环与新发展格局的关系

加快构建以国内大循环为主体、国内国际双循环相互促进的新发展格局，是"十四五"规划提出的一项关系我国发展全局的重大战略任务，需要从全局高度准确把握和积极推进。为贯彻落实党的十九届五中全会精神，必须准确把握新发展阶段，深入贯彻新发展理念，加快构建新发展格局，推动"十四五"时期高质量发展，确保全面建设社会主义现代化国家开好局、起好步。

既然构建新发展格局明确了我国经济现代化的路径选择，那么把握新发展格局的内涵就至关重要。一方面，国内大循环的核心在于经济循环的畅通。国民经济的良性循环要求生产、分配、流通、消费各环节运行畅通无阻，减少交易成本和市场壁垒，避免结构性矛盾和体制缺陷造成经济循环的堵塞。在生产环节，国内大循环要求减少和消除制度、技术、成本等方面的制约，提供高质量产品和服务。在分配环节，国内大循环要通过更加合理完善的收入分配体系促进生产、消费等环节的畅通。在流通环节，国内大循环要构建高质量流通体系，降低流通成本。在消费环节，构建国内大循环要求加快培育完整的内需体系，加强需求侧管理，扩大居民消费，提升消费层次，持续建设超大规模市场。另一方面，新发展格局中的国际大循环是在全球化趋势下，各经济体依托国际市场，参与以全球产业链、价值链为表现形式的国际分工体系，通过国际贸易、国际投资和国际金融等方式，竞争与合作并存的机制。既要重视国内循环对国际循环的带动作用，也要重视国际循环对国内循环的补充、促进作用。

在实践中，还要注意防范一些认识误区。新的历史条件、新的战略布局意味着新的发展目标和新的政策着力点，但是新的战略并不是对过去战略的全盘否定。"以国内大循环为主体"绝不是对"开放"这一基本国策的否定，而是对不再适用于当前发展阶段的低水平开放的修正。要以新发展理念为指导原则，应对新发展阶段的机遇和挑战。新发展格局既强调加强国内大循环在双循环中的主导作用，实现高水平的自立自强，同时又强调以国际循环提升国内大循环效率和水平，提高我国出口产品和服务的竞争力。

| 第一节 |

双循环的内涵

一、新发展阶段经济格局需要重构

改革开放以来中国经济取得了举世瞩目的伟大成就，尤其是 2001 年加入世贸组织后，我国抓住了世界经济进入新一轮增长和国内低成本竞争发展阶段性优势交汇的机遇，推动出口需求高速增长。2020 年我国经济总量突破百万亿元大关，全年国内生产总值达 101.6 万亿元，按年平均汇率折算，经济总量占世界经济的比重超过 17%，对世界经济增长的贡献率超过 30%，人均国内生产总值连续两年超过 1 万美元。仅 2019 年固定资产投资规模就达 55 万亿元以上，社会消费品零售总额达到 41 万亿元以上，成为工业制造业产值规模最大、社会消费品零售总额最大的单一国内市场经济体。从产业基础来看，我国拥有 41 个工业大类、207 个工业中类、

666 个工业小类，建立了全世界最为齐全、规模最大的工业体系，是全世界唯一拥有联合国产业分类中全部工业门类的国家。第七次全国人口普查数据显示，2020 年我国 16～59 岁劳动年龄人口总规模 8.8 亿人，劳动力资源仍较为充沛，人口素质大幅改善，人力资本不断提升。从制度层面来看，我国在过去几十年中坚定不移地坚持社会主义市场经济改革方向，深化经济体制改革，坚持和完善基本经济制度，加快完善现代市场体系、宏观调控体系、开放型经济体系，加快转变经济发展方式，加快建设创新型国家。随着改革深化，制度改革取得了显著成效，市场在资源配置中起到了决定性作用，经济结构实现重大变革。

但近年来国内外经济环境趋于复杂，给我国经济发展带来了显著的下行压力与严峻挑战。当今世界正处于百年未有之大变局，新冠肺炎疫情肆虐及全球经济格局的加速变革，为全面启动新发展格局的构建提供了前所未有的机遇。

从国内经济形势来看，近年来我国经济增速下滑明显加剧，增长动力有所不足。系统性金融风险仍处于高位，房价高企、债务高筑的现象尚未解决，供给和需求的结构性问题依然突出。迈入中等收入发展阶段以来，我国经济增速变缓，过去依赖投资和出口拉动经济增长的发展方式开始限制经济增长的潜力，这种变化在经济新常态下极为显著。习近平总书记早在 2014 年就对这种变化做出过全面概括，而要适应这种经济条件的深刻变化，保持经济可持续高质量发展，就必须根本转变经济发展方式。正如习近平总书记 2017 年在中央经济工作会议上所指出的，这种发展方式转变的历史必然性集中体现在三方面：一是保持经济持续健康发展的必然要求。我国正处于转变发展方式的关键阶段，劳动力成本上升，资源环境约束增强，粗放的发展方式难以为继，必须加快转变发展方式，进而推动高质量发展，使供求在新的水平上实现均衡，经济才能保持健康发展。二是适应我国社会主要矛盾变化和全面建成小康社会、全面建设社会主义现代化国家的必然要求。进入新时代，我国社会主要矛盾发生了重大变化，发展的不平衡不充分是主要矛盾的主要方面，而不平衡不充分的发展就是发展质量不高的表现。要解决我国社会的主要矛盾，就必须从矛盾的主要方面入手，推动高质量发展，重视量的发展但更要重视解决质的问题。这就要求根本转变发展方式，实现有效增长。三是遵循经济规律发展的必然要求。经济发展达到一定阶段，必须从高速增长向高质量发展转变，从量的扩张为主向质的提高为主转变，这是客观经济规律。

就国际形势而言，全球经济尚未摆脱 2008 年金融危机的深刻影响，存在长期停滞风险。全球经济的长期低迷，导致我国外部需求显著萎缩，出口增速下滑，全球化红利消退。与此同时，以英国脱欧与中美贸易摩擦为标志性事件，贸易保护主义与逆全球化趋势开始显现并呈现加剧态势，全球贸易环境有所恶化，全球贸易规则进入重构阶段。各主要经济体之间的贸易摩擦呈现进一步加剧的势头，外部环境更趋复杂严峻，再叠加新冠肺炎疫情的冲击，全球经济增长更趋乏力，给我国经济发展带来了不小的挑战。未来随着我国经济发展水平的不断提高，我国的 GDP 规模或超越美国，成为全球第一大经济体。在此过程中，美国必然会做出回应，甚至挑起争端以阻碍我国的超越。

国内经济增长动力疲软、发展方式亟须转变，以及国际环境复杂多变、外部需求萎缩双重约束了我国新发展阶段的经济建设。在新发展阶段，我国需要顺应发展的变化重构经济格局，因为"两头在外"的外向型战略不仅难以快速提升我国的生产力、综合国力和人民生活水平，反而成为经济快速发展的新制约因素。

在这种背景下，以国内大循环为主体对我国经济主要有两方面意义：一方面是增强我国经济的韧性与发展潜力；另一方面是解决我国经济发展的内生动力问题，解决我国发展的主要矛盾所呈现出来的新情况新问题。我国利用在全球疫情冲击下经济率先复苏的优势，通过快速复工复产，布局国内大循环，大大节省了战略转换成本。

二、从经济循环不同环节把握内循环的内涵

国内大循环是以满足国内需求为出发点和落脚点，以国内分工体系为载体，以国内生产分配流通消费等环节的畅通、新动能的不断提升为内生运行动力，以国际大循环为补充和支持的一个经济循环体系。国内大循环的核心在于经济循环的畅通。根据马克思主义社会总生产循环理论，经济循环由生产、分配、流通、消费四个环节组成，经济活动需要各种生产要素的组合在生产、分配、流通、消费各环节有机衔接，从而实现循环流转。国民经济的良性循环要求各个环节运行畅通无阻，减少交易成本和市场壁垒，避免结构性矛盾和体制缺陷造成经济循环的堵塞。

（一）生产环节

从生产环节来看，国内大循环要求减少和消除制度、技术、成本等方面的制约，提供高质量产品和服务。国内大循环要通过科技创新和制度创新的不断深入，深化供给侧结构性改革，实现技术结构、产业结构和产品结构的转型升级，提高供给与需求的适配性。从国际经验看，一个国家发展从根本上要依靠供给侧推动，我国经济进入新常态，经济发展的主要矛

盾已转化为结构性问题，矛盾的主要方面在供给侧，主要表现在供给结构不能适应需求结构的变化。

我国具有超大规模的市场以及高潜力的消费群体，需求层次多样化，国内消费升级趋势明显，消费结构不断优化，消费新增长点不断涌现。但我国目前的供给结构仍未能适应需求结构的变化，国内供给能力也还未能完全跟上消费结构转型升级的步伐，这使得消费升级的需求红利部分外流。因此，畅通生产环节必须坚持以深化供给侧结构性改革为战略方向。要积极推动科技创新和制度创新，引导产业从中低端迈向中高端，发挥生产环节在经济循环中的正向促进作用。通过深化供给侧结构性改革，优化存量资源配置，扩大优质增量供给，让新的需求催生新的供给，新的供给创造新的需求，实现更高水平和更高质量的供需动态平衡。

在技术创新方面，构建新发展格局必须提升自主创新能力，突破关键核心技术，提升国内循环产业链供应链的安全性。只有把关键核心技术牢牢掌握在自己手里，才能建立起不受制于人的产业链供应链，畅通国内大循环。这不仅是成功构建新发展格局、实现高质量发展的关键，而且是建设更高水平开放型经济新体制、形成国际合作和竞争新优势的关键，关乎我国发展全局和经济安全。为了打造更有弹性的供应链产业链，更好地管控全球供应链和产业链波动给我国生产活动带来的风险，一些短板必须有所突破。例如，目前我国品牌效应还未能发挥出来。虽然很多企业已经具备生产优质产品的能力，但是世界市场对我国产品的认知还停留在价格低廉、工艺粗糙的阶段，我国中高端产品的品牌建设和市场开拓仍然存在明显短板。高端人才不足是威胁我国产业链安全的另一个短板，由于对高级技术人才的培养投入不足，我国的管理人才、研发设计团队和技术骨干等人才储备一直存在明显的缺口。

在制度创新方面，构建新发展格局必须不断深化改革。要不断完善和发展中国特色社会主义制度，推进国家治理体系和治理能力现代化。一方面，深化经济体制改革，处理好政府和市场的关系，使市场在资源配置中起决定性作用，更好发挥政府的作用，完善市场经济秩序，限制不公平竞争行为，保障市场竞争更加充分和公平；另一方面，发挥经济体制改革的牵引作用，推进法治化进程，带动法治社会的建设，实现国家治理体系现代化。

现代经济体系的构建及竞争力的提升，根本在于创新的支撑。虽然技术创新和制度创新既会影响需求，也会影响供给，但供给侧结构性改革更依赖创新，或者说，创新对于生产环节畅通更具根本性意义。

在产业间，应减少低端产品的无效供给和产能过剩，缓解高端产品的供给不足。当前，我国存在着产能过剩和产能短缺并存的失衡现象：一些传统产业的产品无法被市场完全消化，产能得不到充分利用；与此同时，公共服务、新产品以及许多高质量的传统产品等又普遍无法满足人民需求。在地区间，一些地方政府为了提高本地就业、增长水平，往往采用"以邻为壑""画地为牢"等方式扶持本地企业，不仅阻碍了要素的自由流动和高效配置，而且容易引发地区间重复建设、产业同构的问题，造成资源的极大浪费。实际上，产业间、地区间的供需失衡问题归根到底是要素配置问题。目前，我国在不同维度上存在着不同程度的要素配置扭曲，引发了大量的生产效率损失，根本原因在于尚未建立以市场为主导的资源要素配置机制。因此，未来的关键是以供给侧结构性改革为方向，优化要素配置，解决纵向、横向的不畅通问题。

(二) 分配环节

在分配环节，国内大循环要通过更加合理完善的收入分配体系促进生产、消费等环节的畅通。收入分配决定了个人的消费能力和消费观念，影响交换和消费，影响供求之间的转化。如果国民收入高速增长，但是分配两极分化，则大量的收入会分配给少数高收入阶层。收入越高的人边际消费倾向越低，而低收入人群消费能力较弱。这样的经济高速增长而分配两极分化的情况，会导致大部分人想支出却受限于收入水平，少部分人有消费能力但边际消费倾向低，整个国民经济消费倾向就会降低，消费需求也就呈现疲软态势。

由于存在初次分配失衡和再分配逆向调节作用不足等一系列体制机制上的问题，中国的贫富差距问题一直难以得到妥善解决。居民可支配收入的基尼系数长期位于 0.4 以上，财产基尼系数更在 0.7 以上。贫富差距直接表现为中等收入群体占比偏小。根据国家统计局的数据测算，2019 年中国的中等收入群体规模占总人口的比重在 1/3 左右，社会结构更趋向于金字塔形的失衡结构。而近年来我国中等收入群体的收入增速出现了较快下滑的风险。国民收入分配结构不合理，特别是居民之间收入差距扩大，导致居民消费倾向下降，影响了消费需求扩张。进入新发展阶段，我国必须有效解决收入结构失衡问题。第一个百年奋斗目标过程中实现了低收入群体收入的提高，第二个百年奋斗目标将以扩大中等收入群体规模为重点任务。

要在分配环节确保国民经济循环的畅通，需要梳理三次分配的体制问题，推动国民收入分配结构调整。现代化的收入分配体系应当是公平与效率携手并进的分配体系，通过这一体系，实现收入分配合理、社会公平正义、全体人民共同富裕，推进基本公共服务均等化，逐步缩小收入分配差距。

打通分配环节，总体而言就是通过深化收入分配制度改革，不断改善国民收入分配状况，缩小收入分配差距，实现社会经济增长和居民收入的同步增长。在这样的前提下，才能真正释放我国消费需求增长的潜力，促进供给转化为需求。

（三）流通环节

流通环节是打通生产、消费的中心环节，只有打通了流通堵点，才能真正发挥出我国超大规模市场的优势。畅通的流通环节是产业链上下游、产供销实现有效衔接的必要条件。流通环节畅通与否决定了商品、要素能否实现自由流通，全国统一大市场能否建成。近年来，伴随经济的快速发展，我国流通体系建设发展迅速，流通产业不断壮大（见图 3-1）。2020

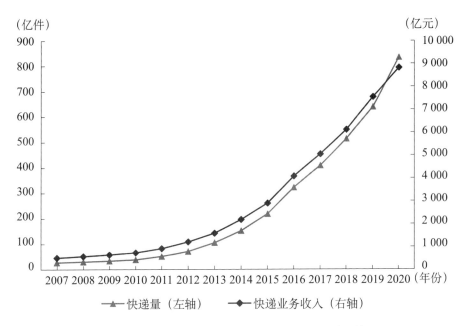

图 3-1　2007—2020 年中国快递量和快递业务收入情况

资料来源：中国国家统计局。

年交通运输、仓储和邮政业增加值 41 562 亿元，同比增长 0.5%；快递业务量 833.6 亿件，同比增长 31.2%；快递业务收入 8 795 亿元，同比增长 17.3%。电子商务的快速发展推动物流体系日渐完善、流通网络不断延伸。构建高质量流通体系，降低流通成本，是经济循环畅通的重要保障。但是，目前我国基础设施水平和流通体系现代化、一体化程度依旧不高，物流方面仍然存在成本过高、效率较低的问题。

物流成本过高是目前制约商品流通的主要因素。流通体系在国民经济中发挥着基础性作用，物流是现代流通体系的重要组成部分，是支撑国民经济发展的基础性产业。构建以国内大循环为主体、国内国际双循环相互促进的新发展格局，需要建立服务于双循环格局的现代流通体系。高效的流通体系能够更好地把生产和消费联系起来，推动分工进一步细化，提高生产效率，同时增加消费者获得商品的途径，促进从生产到消费的转化和财富创造。目前我国流通产业的集中度较低，经营方式较为传统，未具备规模效应，与产供销之间没有形成紧密的联系。因此，流通产业要加快行业内整合，加大商业模式、经营方式的创新力度，利用信息化降低物流成本，改善流通服务质量，提高流通体系的现代化水平。畅通流通环节应将建设现代流通体系作为一项重要战略任务。

在要素流通方面，要攻克目前存在的要素流动机制不畅的问题。我国要素市场化改革滞后，突出体现在城乡之间的劳动力、土地等生产要素流动受阻，大量农村劳动力（占总劳动力 30% 以上）滞留在 GDP 占比已不足 10% 的农业部门，而城市公共服务品供给不足以及包括户籍、土地制度在内的各种体制性和政策性障碍，导致我国数以亿计在城市就业的农村劳动力及其亲属无法在城市定居，成为我国城市服务业发展的重要阻碍因素。一些地方政府为了提高本地就业、增长水平，往往采用"以邻为壑""画地为牢"等方式扶持本地企业，阻碍了要素的自由流动和高效配置。为保障要素流动畅通，我国要深化要素市场化改革，破除阻碍生产要素在城乡间和产业间自由流动的体制性和政策性障碍，使生产要素从农村地区向城市地区、从非服务业向服务业的流动能够更加顺畅。

数据要素是现代化经济建设的一类重要要素，促进数据要素的流通也是构建新发展格局的重要一环。数据要素流通有利于通过全方位客户精准画像满足居民个性化消费需求，有利于通过生产环节数字化改造提高智能化生产的精准度。促进数据要素在东部与中西部各大区域之间加快流通，有助于促进互联网、大数据、人工智能等先进产业链延伸到中西部地区，推动中西部地区产业升级。

畅通流通环节要求形成国内统一大市场，清理和废除妨碍统一市场和公平竞争的各种规定和做法，特别是打破行政性垄断，防止市场垄断。一方面，在统一的市场下，发生需求变动时，可以通过各地商品自由流动来调节供给，熨平局部的价格波动，减少对经济的损耗；另一方面，统一的市场可以形成更充分有效的竞争，提高资源配置效率。分割的市场难以支撑国内大循环，新发展格局强调国内统一大市场，要求提升城乡区域发展的联动性，推动区域之间相互开放，降低区域间交易成本。

（四）消费环节

在消费环节，构建国内大循环要求加快培育完整的内需体系，加强需求侧管理，扩大居民消费，提升消费层次，持续建设超大规模市场。我国当前的消费率水平仍低于同期同等收入国家和世界平均水平。释放消费潜能的关键，除了改善收入分配之外，还在于降低从生产环节到消费环节的信息不对称程度，加强监管，提升消费产品质量，尤其在老龄化背景下，需要着重创新消费服务形式，不断满足消费者需求。

高质量的国内大循环以国内市场作为最终需求的主要来源，形成需求牵引供给、供给创造需求的更高水平的动态平衡。目前在产能过剩、外需持续下滑的状况下，国内需求不足的问题逐渐成为现阶段我国经济的主要问题之一。2013 年以来，我国居民人均消费支出占可支配收入的比重呈现明显下降趋势（见图 3-2）。最终消费支出对国内生产总值增长的贡献率从 2018 年的 64.0% 下降至 2019 年的 58.6%，在新冠肺炎疫情的冲击下，2020 年由正转负，降至 -6.8%（见图 3-3）。尽管我国中等收入群体规模已经超过 4 亿人，但与发达国家相比，我国中等收入群体比例仍然偏低，消费需求存在较大增长潜力。从消费结构来看，随着我国老龄化程度加深，未来需求结构可能面临重构。人口红利消减，劳动人口的抚养压力增大，将抑制潜在消费需求。

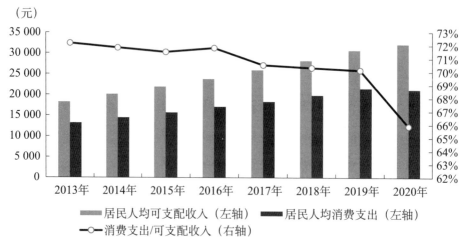

图 3-2 2013—2020 年中国人均消费支出与可支配收入情况

资料来源：中国国家统计局。

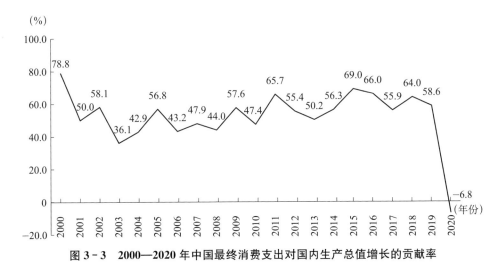

图 3-3　2000—2020 年中国最终消费支出对国内生产总值增长的贡献率

资料来源：中国国家统计局。

因此，畅通消费环节需要重视需求侧管理，提高需求侧的稳定性。需求管理要通过影响、改变消费者的行为和预期来影响总需求，从而实现宏观调控的目的。

我国经济发展进入新阶段，对市场内部的协调性和相容性提出了更高的要求。新发展格局要克服经济深层次的结构性失衡，带动产业发展转变到更均衡更高质量的增长路径。习近平总书记将建设现代化经济体系概括为七个方面的内涵：建设创新引领、协同发展的产业体系，建设统一开放、竞争有序的市场体系，建设体现效率、促进公平的收入分配体系，建设彰显优势、协调联动的城乡区域发展体系，建设资源节约、环境友好的绿色发展体系，建设多元平衡、安全高效的全面开放体系，建设充分发挥市场作用、更好发挥政府作用的经济体制。现代化经济体系的内涵体现了国内经济循环对经济发展协调性的要求，其中最为突出的是产业之间发展的协调、城乡区域发展的协调。

实体产业内部供需结构失衡、实体经济与金融部门及虚拟经济之间的结构性失衡、房地产发展与国民经济各部门发展的结构性失衡等，都严重困扰着经济发展。在产业间，要减少低端产品的无效供给和产能过剩，缓解高端产品的供给不足。当前，我国存在着产能过剩和产能短缺并存的失衡现象，一些传统产业的产品无法被市场完全消化，产能得不到充分利用。与此同时，公共服务、新产品以及许多高质量的传统产品等又普遍无法满足人民需求。应着力破除产能过剩和产能短缺并存的失衡现象，加快构建现代化产业体系。正如十九大报告所指出的，现代化产业体系，是一种创新引领、协同发展的产业体系，意在实现"实体经济、科技创新、现代金融、人力资源"的协同发展。具体而言，就是"加快建设制造强国，加快发展先进制造业，推动互联网、大数据、人工智能和实体经济深度融合，在中高端消费、创新引领、绿色低碳、共享经济、现代供应链、人力资本服务等领域培育新增长点、形成新动能。支持传统产业优化升级，加快发展现代服务业，瞄准国际标准提高水平。促进我国产业迈向全球价值链中高端，培育若干世界级先进制造业集群"。推动实体经济和虚拟经济协同发展，让虚拟经济服务于实体经济，修正虚实经济扭曲的利益分配格局。

国民经济对房地产行业的依赖增大了经济发展的风险与不确定性，房地产发展与国民经济各部门发展的结构性失衡影响了国内大循环的畅通。结合过去二十多年中国经济运行与房地产调控历程来看，在经济面临下行压力时，政府会依靠房地产业稳定经济增速。虽然房地产业能够在短期内实现经济的增长，但是长期依赖房地产对国内经济长期增长和产业结构升级都是不利的。

国内大循环要求推动城乡区域均衡协调发展。城乡区域经济不协调实际上是长期以来地理区位、资源分布、政策导向等共同作用的结果，形成了自我加强的恶性循环。区域协调发展有助于解决目前区域发展中存在的要素流动不畅、重复建设、分工不合理等问题，打破既有机制的束缚。近年来，国内经济下行压力增大，我国大力推进京津冀协同发展、粤港澳大湾区、长三角区域一体化、长江经济带等跨区域发展战略，形成京津冀、长三角、珠三角、成渝、长江中游城市群等五大区域性增长极，旨在发挥其拉动所在区域经济整体性增长的龙头带动作用，为我国经济发展提供新动力。

构建新发展格局要求推动实现国民经济均衡协调增长的生产的各个方面、各个领域、各个环节之间的畅通，不仅包括总量上的供求关系的均衡、国民经济各类结构性均衡、国内经济与国际经济之间的均衡，还包括社会经济发展与安全之间的统筹、经济增长与资源环境约束之间的协调等。由此看来，建设高质量的国内大循环要在体制机制上深化改革，以实现各项目标的动态均衡。

三、新发展格局中的国际大循环

20 世纪 80 年代开始，经济全球化开始进入加速时期，我国的改革开放正好顺应了全球化浪潮，而庞大的人口和市场规模也吸引着发达国家的潜在投资者。2001 年，成功加入 WTO 以及中美贸易发展合作框架协议签订，使我国经济发展的外部环境趋好。改革开放与经济全球化浪潮兴起的需求一致，为我国经济的快速腾飞提供了较宽松的国际环境，我国经济通过吸引外资弥补国内资本不足的缺陷，通过对外贸易驱动国内工业发展，通过引进技术进而在干中学中促进技术升级。一系列有利于我国开放发展的世界经济环境为我国扩大投资、实现经济增长提供了供给和需求方面的支持，也是我国传统经济模式创造"中国奇迹"的重要条件所在。

这一时期，我国外向型发展战略的特点在于需求和技术两方面对发达国家的依赖。需求对发达国家的依赖，体现在"两头在外、大进大出"的加工贸易模式上。"两头在外"即原材料从国外进口，在国内完成加工工序之后再将最终产品销往国外，这意味着国内生产活动主要用于满足国外需求。从1995年开始，加工贸易取代一般贸易成为我国最主要的出口贸易方式，1996年加工贸易出口占比突破50%。技术对发达国家的依赖，体现在较高的技术对外依存度和"以市场换技术"的发展模式上。伴随我国经济的跨越式发展，对于技术要素的需求增加，国内技术要素供给不足使得我国必须大规模从国外引进先进技术，推高了技术对外依存度。1995年我国技术对外依存度高达76%，此后的4年内一直保持在70%以上，2002年仍然高达53%。1988年起外商在华投资持续保持在每年100亿美元以上，1994年起突破400亿美元，2018年达到1 349.66亿美元。外国企业通过合资进入中国市场，中国借此引进外国先进技术，实现"以市场换技术"。

但是，2008年国际金融危机以来，世界经济发展环境发生显著变化。逆全球化改变了改革开放以来我国投资驱动的外向型经济增长模式的生存环境，国际范围内贸易争端此起彼伏，投资壁垒持续高筑。与此同时，进入新时代我国经济发展的深刻变化使得竞争优势发生了根本转变。国际国内经济条件的剧烈变化，使得以往主要依靠低生产要素成本拉动经济的增长方式和以"两头在外、大进大出"的方式推动经济循环的竞争格局难以持续，需要构建新的发展格局、重塑新的竞争优势。

针对简单外向型发展战略存在的系统性问题，党和政府进行了持续的修正。"十一五"规划就明确对"两头在外"出口导向型发展战略进行了修正，提出要"立足扩大国内需求推动发展，把扩大国内需求特别是消费需求作为基本立足点，促使经济增长由主要依靠投资和出口拉动向消费与投资、内需与外需协调拉动转变"。十八大以来，党中央则是进一步提出了修正的具体政策和发展思路。2020 年 5 月 14 日，习近平总书记在中共中央政治局常务委员会会议上指出："要深化供给侧结构性改革，充分发挥我国超大规模市场优势和内需潜力，构建国内国际双循环相互促进的新发展格局。"可以看出，"双循环相互促进的新发展格局"是党中央在十多年理论和改革实践探索的基础上，根据我国发展阶段、环境、条件变化提出的最新判断和强国战略。我国迫切需要构建重塑国际合作和竞争新优势的新格局。

构建新发展格局必须以坚持开放型经济、国内国际双循环相互促进为战略前提。开放是基本国策，新发展格局不是封闭的格局，而是以"一带一路"为引领的高水平的制度性开放型经济。新发展格局中的国际大循环与过去的国际大循环存在多方面的差异。

一是构建新的国际大循环要基于新的世界经济格局。目前我国处于新旧循环机制交替的机遇中与压力下，一方面与欧美发达国家之间保留中心—外围式的全球经济循环，另一方面与亚非拉发展中国家形成新的经济循环。在过去的 40 多年中，我国凭借工业成本优势推动中国制造全球地位的确立，接受来自发达国家的资本输出和制造业转移，停留在附加值最低的制造环节。随着近年来我国劳动力成本上升和资源环境压力不断增大，中国制造的传统成本优势不复存在，曾支撑我国经济快速增长的出口加工贸易逐渐由东南沿海转向劳动力和环境成本更低的东南亚国家，特别是随着发达国家吸引制造业回流的趋势日益明显，我国工业发展面临的国际竞争压力迅速增大。从发展中国家进口能源、原材料等初级产品，利用加工和制造的成本优势生产，再向发达国家出口的循环流受阻。我国需要积极拓展新的国际循环机制，加强与亚非拉发展中国家的经济合作。

2015 年 3 月 28 日，国家发展改革委、外交部、商务部联合发布了《推动共建丝绸之路经济带和 21 世纪海上丝绸之路的愿景与行动》。"一带一路"倡议构成了新发展格局的战略重点。截至 2021 年 1 月 30 日，我国与 171 个国家和国际组织签署了 205 份共建"一带一路"合作文件。面对复杂的国际形势加上新冠肺炎疫情的冲击，我国一方面同有关国家不断深化"一带一路"经贸合作，加强抗疫国际合作，推进战略规划和机制对接，推动共建"一带一路"取得新进展、新成效。我国和"一带一路"国家的贸易往来持续增长，2020 年与沿线国家货物贸易额达 1.35 万亿美元，同比增长 0.7%，占我国总体外贸的比重达 29.1%。同时，与沿线国家的投资合作不断深化，2020 年对沿线国家非金融类直接投资达 177.9 亿美元，同比增长 18.3%，占全国对外投资的比重上升到 16.2%。另一方面，我国的自贸区建设也取得新的突破。《区域全面经济伙伴关系协定》成功签署，全球规模最大的自贸区正式启航，是东亚区域一体化 20 年来最重要的成果。

二是构建新的国际大循环要更替经济增长的动力机制，减少对外部的依赖。过去几十年，我国采取外向型经济战略，利用国外的技术和需求拉动国内经济增长，建立起完整的工业体系。国际大循环占据国内经济的主导地位，经济增长靠出口拉动。但这样的经济结构对于大国而言是难以长期维系的。对于大国来说，国内市场是消费的主力，内需才是经济发展的动力源泉，保障经济活力还是要靠内需。过去的国际循环依托国外的技术和需求，主要是受限于国内经济发展水平和居民消费能力。现在我国拥有全球最有潜力的市场，有技术创新的基础和能力，要将经济增长的动力机制从外部转为内部，依托内部市场挖掘活力，提升整体资源配置效率，积极推动内生技术发展，形成经济增长的新动能。

构建新发展格局最本质的特征是实现高水平的自立自强。高水平的自立自强建立在科技创新和突破产业瓶颈的基础上。在新冠肺炎疫情肆虐、世界经济深度衰退、逆全球化加剧等国内外严峻复杂的环境下，供应链、产业链的安全面临威胁。虽然我国拥有丰富的劳动力资源，保障了强大的产品生产能力，但核心技术的缺失可能直接威胁到部分商品的供给。例如，我国作为全球最大的电子产品制造国，却因为"缺芯"限制了产量；作为医药大国，但仿制药占比仍然很高，多数高端医疗设备依赖进口；作为人工智能应用大国，但底层算法、开源框架的基础仍比较薄弱。在动荡的世界政治经济背景下，这对我国的经济安全和社会稳定造成了严重威胁。因此，构建新发展格局要着眼于对科技创新的部署，通过优化科技创新政策环境，加大科技创新投入研发力度，攻克关键核心技术，破解"卡脖子"难题。这有利于提升我国供应链、产业链的安全水平，使供应链、产业链更有弹性，更好地管控全球供应链和产业链波动带来的风险。

长期以来，我国作为制造大国和出口大国，制造业创新能力薄弱，整体上仍处于全球产业链和价值链的中低端。我国虽然凭借加工贸易立足于国际贸易，且已成为制造大国，但离制造强国仍有较大差距。制造强国提供高附加值产品或服务，利用核心技术参与生产，获取利润的绝大部分。而我国制造业仍为劳动密集型产业，缺乏核心技术的支撑，在全球分工体系中作为发达国家的加工基地，在覆盖设计、制造、销售等环节的价值链中处于中低端，以极薄的利润保证稳定的订单，在国际贸易中处于弱势。要从制造大国转变为制造强国，我国要突破产业瓶颈，将产业链延伸到高附加值的工序上，推动国内制造业从产业链中低端迈向中高端。全面加强对科技创新的部署，集合优势资源，大力推动技术创新，争取攻克关键技术。鼓励企业成为技术创新的主体，加强企业、科研院所和大学之间的合作，形成产学研战略联盟，强化自己的研发体系，促进技术创新所需各种生产要素有效组合。构建新发展格局要摒弃过去以低廉劳动力为优势、以资源和环境为代价的粗放型经济增长方式，以科技创新拉动经济增长。

三是构建新的国际大循环要形成高水平的开放格局。我国具有超大规模的市场优势，国内需求对世界经济的影响不断加深，同时我国也需要以更高水平的开放融入国际经济循环，建立更高水平的开放型经济体制。相对于过去高度依赖劳动、土地等生产要素成本优势的低水平开放，新的国际大循环下的高水平开放是更大范围、更宽领域、更深层次的开放。

从范围来看，高水平开放意味着要和更多的国家和地区建立经济合作关系。过去，欧美发达国家是我国对外经贸合作的主要对象，我国与新兴市场国家、亚非拉发展中国家的合作较少。这样的国际经贸格局实际上不利于我国对外部经济风险的管控。未来，我国将加大与新兴市场国家、亚非拉发展中国家的合作，依托"一带一路"倡议拓宽对外经贸合作的范围。

从领域来看，高水平开放将继续推动自由贸易进程，深化国际贸易合作，进一步降低关税，以及消除补贴等非贸易壁垒。2018 年 4 月 13 日下午，习近平总书记在庆祝海南建省办经济特区 30 周年大会上郑重宣布："党中央决定支持海南全岛建设自由贸易试验区，支持海南逐步探索、稳步推进中国特色自由贸易港建设，分步骤、分阶段建立自由贸易港政策和制度体系。"2021 年 6 月 10 日，第十三届全国人民代表大会常务委员会第二十九次会议通过《中华人民共和国海南自由贸易港法》，自公布之日起施行。建设海南自由贸易港体现了我国积极推动经济全球化的决心，是高水平开放的重大举措。除了货物贸易之外，发展服务贸易也是推动贸易自由化的重大任务。我国将继续拓宽国际贸易合作的领域，强化与各国的合作与交流。

从层次来看，要从传统的、市场准入式的开放过渡到内外联动的高水平制度性的开放。依靠传统的对外经贸发展方式已经不能满足新发展阶段对外开放格局的需要，要推动由商品和要素流动性开放向规则等制度性开放转变，更大程度地开放我国的行业准入，提供更安全、更自由的市场，打造与国际接轨的制度体系和营商环境。具体而言，一方面，要提升国内市场经济体系建设与国际环境的适配性，从利用优惠政策吸引外资向以完善的制度体系和良好的营商环境吸引全球要素转变；另一方面，要积极参与国际贸易和全球治理规则的制定，把握全球化变革浪潮，发挥社会主义市场经济体制优势和超大规模市场优势，提升在国际经济贸易规则制定中的话语权和主动权。高水平制度性的开放，不仅要使本国的制度体系满足国际规则的大框架，还要让本国充分参与国际规则的制定。

新发展格局中的国际大循环摆脱了贸易的单一模式，能够实现更大范围、更宽领域、更深层次的开放。这种高水平的开放不仅有利于我国营商环境的优化和国际话语权的提升，还对国内企业的发展有积极作用。一方面，其可为我国企业"走出去"提供平台，使我国企业能够凭借自身的技术优势在全球范围内取得市场份额；另一方面，与国际接轨的制度体系将推动我国产品的质量向国际标准看齐，增强国内企业科技创新投入的动力，提升产品技术优势。

第二节
双循环之间的联动关系

一、以国内大循环为主体

在全球经济下滑和疫情冲击的背景下，我们需要通过扩大内需来寻找新的宏观平衡，通过国内大循环的疏通和升级来重新构建国际竞争新优势。任何一个国家的经济循环都是由国内循环和国际循环组成的。国内循环和国际循环之间的关系取决于国家要素禀赋、经济规模和发展阶段，是复杂的生产关系的缩影。从要素禀赋来看，小国往往在资源禀赋上存在劣势，缺乏自然资源的国家需要从国外进口大量的原材料满足生产需求，有较高的外贸依存度；而大国则更容易建立起完整的工业体系。从经济规模来看，小国的市场有限，其生产力的发展和突破需建立在国际市场的基础上，依赖国外需求。从发展阶段来看，在工业化初期，高度缺乏技术和市场时，大国也可能依赖国际贸易带动经济增长，但随着国内需求成长、技术进步，其会逐渐减少对国际循环的依赖。因此，针对到底以国内大循环为主体，还是以国际大循环为主体，没有一成不变的结论，而是要视国家的发展环境、发展阶段和发展目标动态地调整。

我国的国内大循环是一直存在的，只是国内大循环的特点在不断发生变化。新中国成立之后，在计划经济时期，国内大循环和国际大循环也是同时存在的，不过当时国内大循环是经济的主要组成部分，计划经济一定程度上抑制了经济的大起大落。改革开放以来，国内大循环突破了过去单一的计划模式，逐步形成了市场化模式，结合社会主义体制和市场经济的优势，发挥市场在资源配置中的决定性作用；以国际市场和国外技术为动力的国际大循环对国内经济的影响越来越大。新发展格局要以国内大循环为主体，国内国际双循环相互促进。以国内大循环为主体实际上是强调要以满足国内需求为出发点和落脚点，以国内的分工体系为载体，以国内的生产、分配、流通、消费等环节的畅通为表现形式。但以国内大循环为主体不是否定国际大循环的作用和地位，国内经济是一个开放的经济体系，国内大循环需要国际大循环作为重要的补充和支持。但与过去不同的是，双循环体系不再采取"两头在外、大进大出"的低水平外向型发展战略。

二、内外循环要相互促进

构建新发展格局，必须高度重视国内国际双循环相互促进。并不是简单地强调国内大循环，而是以国内大循环为主，通过国内国际双循环实现国民经济的新发展。新发展格局绝不是采取封闭式的发展战略，而是以新的高水平开放作为前提条件。基本内向型的大国经济绝不是封闭式的自我循环经济。总体而言，可以从两方面理解新发展格局下内外循环之间的关系。

第一，过去以国际循环带动国内循环，现在要发挥国内循环对国际循环的带动作用。过去在沿海发展战略的指导下，通过对外开放推动国内改革，以融入国际市场来促进国内市场发展，通过参与国际大循环来促进投资、开放内需。这种模式在长期发展中显露出不少弊端，尤其在 2008 年全球金融危机的冲击下更是如此，因此我国从"十二五"开始就在进行战略调整，旨在从"外需—投资"驱动型的经济增长模式转换到"内需—消费"以及创新驱动型的经济增长模式上来。内部经济循环的不畅通、分割化和碎片化难以支撑国际竞争力的全面快速提升，进一步开放需要内循环的全力支持。我国需要转变为内需拉动、创新驱动型的经济发展模式，建立符合我国发展阶段的现代化经济体系。发挥国内循环对国际循环的带动作用，主要是两个方面：一方面是以超大规模的国内市场吸引国际厂商，支撑我国更积极地参与国际循环，提升我国在国际贸易、投资活动中的主动权和话语权；另一方面是不断完善国内供给体系，提高供给能力，加强科技创新，突破关键核心技术，提高国内供应链产业链的安全性，提高抵御外部冲击的能力。要加强国内大循环在双循环中的主导作用，塑造我国参与国际合作和竞争的新优势。国内大循环的发展是未来国际大循环提升和顺畅的基础，是我国竞争力和价值链地位全面提升的关键，是摆脱简单开放带来的比较优势低水平锁定效应的关键，是建立安全高效经济体系的关键。构建国内大循环是供给侧结构性改革的深化和延续，是"十四五"期间各类工作开展的一个基本出发点和落脚点。

第二，还要重视国际循环对国内经济的补充、促进作用。从历史来看，全球化是不可阻挡的必然趋势，虽然近年来美国和欧洲部分发达国家逆全球化等社会思潮和政治力量崛起，对全球化进程带来了冲击，但世界上绝大多数的国家和地区已经深深嵌入全球的价值链和产业链当中，尤其是那些逆全球化思潮蔓延的国家和地区，它们正是在这一轮经济全球化迅猛发展中攫取了绝大多数利益的主角。交通设施不断升级完善以及信息传输、通信技术的快速发展使得要素、商品、信息的流动极其便捷，科学技术的扩散也有各种各样的方式和途径。技术进步已经使得任何国家和地区都无法脱离全球化体系孤立地发展。正如习近平总书记在庆祝海南建省办经济特区 30 周年大会上所指出的："经济全球化是社会生产力发展的客观要求和科技进步的必然结果。"融入世界经济是历史大方向，中国经济要发展，就要敢于到世界市场的汪洋大海中去游泳。从我国的发展经验来看，改革开放 40 多年来我国经济的高速发展，也与开放的政策背景紧密联系。虽然在世界经济下行的压力下，经济全球化可能使得要素分配的矛盾更加突出，各经济体需要面临一些社会问题，但不能因为经济全球化的负面作用就否定其对经济发展的积极作用。国际市场的包容性和竞争性为国内经济发展提供了强大动力，有助于促进国内生产力进步、推动国内制度环境建设，我国新发展格局的构建需要国际循环的力量。要重视以国际循环提升国内大循环的效率和水平，改善我国生产要素质量和配置水平。要通过参与国际市场竞争，增强我国出口产品和服务的竞争力，推动我国产业转型升级，增强我国在全球产业链、供应链、创新链中的影响力。

过去国际循环对国内循环的补充作用主要体现在市场、技术方面。在新的国际格局下，我国要以更高水平的开放参与到国际市场和国际竞争当中，加强与各国在科技、文化、经济等各方面的交流，在国际经贸合作中吸收先进经验，弥补我国发展的短板，发挥国际循环对国内循环在制度、技术创新方面的促进作用。这实际上是为了适应目前国际化的新格局，对开放的路径模式、体系做出的新变革，要在保证经济安全的前提下实现更高水平的开放。

三、关于双循环理解的误区

理解新发展格局绝不能陷入片面化、极端化的误区中。目前，对于以国内大循环为主体仍存在不少以偏概全的理解。

首先，新发展格局以高水平开放为战略前提。发展国内大循环不是封闭式发展，更不是闭关锁国。开放发展注重的是解决发展内外联动问题，构建新发展格局不是采取封闭式的发展战略，而是以畅通国民经济循环为主，构建更加开放的国内国际双循环。

开放是基本国策，以国内大循环为主体，绝不是采取封闭式的发展战略，而是以新的高水平开放作为前提条件，形成国内国际双循环相互促进的新发展格局。国外的各种经济主体和要素都可参与到国内经济大循环之中，只要其落脚点在于国内分工和国内市场的资源配置，其目的在于满足国内需求与提升国内的生产力和竞争力。国内经济大循环需要与国际经济大循环相对接，国内经济大循环需要在开放中利用国内国际两个市场、两种资源。

其次，国内大循环也不是区域内循环或产业内循环，而是整个国民经济的循环畅通。构建新发展格局是一个全局性的战略决策，也是一个着眼于长久的战略决策。应当认识到，发展国内大循环，不是要让各地搞区域内循环或产业内循环，而是要促进各个地区、各个产业之间的分工协作和贸易流通，畅通整个国民经济循环。例如，区域协调发展战略鼓励各区域逐步形成定位清晰的主体功能，但建立区域间良性互动和国内市场整体统筹的合作机制才能提振经济效益、提高资源配置效率、畅通国民经济循环。

构建新发展格局在实践中需要注意防范的一些认识误区：一是只讲前半句，片面强调以国内大循环为主，主张在对外开放上进行大幅度收缩；二是只讲后半句，片面强调国内国际双循环，不顾国际格局和形势变化，固守"两头在外、大进大出"的旧思路；三是各自为政、画地为牢，不关心建设全国统一的大市场、畅通全国大循环，只考虑建设本地区本区域小市场、搞自己的小循环；四是认为畅通经济循环就是畅通物流，搞低层次物流循环；五是一讲解决"卡脖子"技术难题，就什么都自己干、搞重复建设，专盯"高大上"项目，不顾客观实际和产业基础，结果成了烂尾项目；六是一讲扩大内需、形成国内大市场，就开始盲目借贷扩大投资、过度刺激消费，甚至又去大搞高能耗、高排放的项目；七是不重视供给侧结构性改革，只注重需求侧管理，无法形成供给创造需求的更高水平动态平衡；八是认为这只是经济科技部门的事，同自己部门关系不大；等等。这些认识都是片面的，甚至是错误的，必须加以防范和纠正。

双循环相互促进的新发展格局

一、新发展格局的关键在于经济循环畅通

新发展格局着眼于发挥我国具有全球最完整且规模最大的工业体系、强大的生产能力、完善的配套能力、超大规模的内需市场、巨大的投资需求潜力等发展优势，是对既有发展战略的提升和深化。构建新发展格局的关键在于实现经济循环的畅通无阻。经济活动需要各种生产要素在经济运行的各个环节有机衔接，实现循环流转。在经济循环畅通时，生产活动有效进行，物质生产顺利进行，社会财富得以积累，人民生活水平提高，形成良性循环的机制。但如果经济循环受阻，经济运行的一个或多个环节出现堵点、断点，经济发展就会面临停滞的危机。

生产环节出现堵点、断点，往往表现为结构性过剩，即低端供给过剩、高端供给不足，核心技术和关键零部件依赖国外。在国际环境复杂多变、逆全球化思潮加剧的背景下，一旦发达国家断供关键零部件，或停止向我国出口高技术产品，就会对我国的经济活动造成沉重的打击。分配环节出现堵点、断点，主要表现为分配体系无法兼顾效率和公平。收入分配结构不合理，特别是居民收入差距扩大，会降低居民消费倾向，影响消费

需求扩张，这最终又会影响再生产。流通环节出现堵点、断点，一方面是要素流通受阻，影响资源配置效率，导致生产效率下降，另一方面是产品流通受阻，这又会使得生产向消费的转化速度减慢，对经济平稳运行非常不利。消费环节出现堵点、断点，表现为需求总量不足、消费结构受分配体系和老龄化问题影响面临重构。消费对生产有强大的反作用，需求疲软将直接影响生产活动的预期。上述的一个或多个环节出现堵点、断点，经济循环就会受阻，宏观上表现为经济增速下降、失业增加，微观上表现为产能过剩、居民收入下降。

二、新发展格局以科技创新为动能推动国民经济循环

新发展格局是在全球经济形势急剧变化、原有发展格局难以满足我国高质量发展要求的背景下提出时，旨在解决经济发展中的不平衡不充分问题。构建新发展格局的基本原则之一是构建以科技创新为动能推动的国民经济循环，提升自主创新能力，不断突破关键核心技术。构建新发展格局必须以创新引领作为战略支撑，创新驱动是贯彻新理念、建设现代化经济体系，进而畅通国民经济循环的关键。从发达国家的发展历史来看，科技创新是牵动经济社会发展最重要的一根弦。19世纪末20世纪初，德国正是凭借国内技术创新和生产变革，在与英国的贸易竞争中取胜。这说明，创新引领是新发展格局的关键，既是形成以国内大循环为主体的关键，也是摆脱西方国家"卡脖子"、提高国际竞争主动权、促进国内国际双循环的关键。

改革开放初期，我国面临较为严重的资本和技术约束，技术创新成本很高，技术发展水平与发达国家存在较大差距，与发达国家不存在严重的

利益冲突。因此，当时我国能够通过技术引进，减少技术创新的成本和风险，快速实现技术进步。随着经济发展和技术追赶不断加快，我国技术水平与国际先进水平的差异越来越小，与发达国家的利益冲突逐渐凸显，引进技术变得越来越困难。如果不能把关键核心技术掌握在自己手中，克服"卡脖子"问题，国民经济循环的畅通就会严重受阻。

新发展格局以科技创新为战略支点，高质量发展必须实现创新驱动的内涵型增长。我国现代经济体系的构建，最重要的就在于创新力的提升。只有打通产业链、供应链的断点、堵点，使核心技术不再受制于人，国民经济循环才能保证畅通，国民经济安全才能得到保障，国家竞争力才能实现跃升。因此，大力提升自主创新能力，尽快突破关键核心技术，是关系我国发展全局的重大问题，也是畅通国民经济循环的关键。此外，生产力的快速发展不仅体现为技术进步，还体现为分工体系的拓展和深化，因此，适应生产力发展的生产关系调整不仅体现在新型创新体系的构建上，还体现为在大循环畅通下分工体系中各种生产组织体系的创新和发展。新型科技体系与企业家创新活力是新发展格局形成的核心要素。

我们只有通过构建新发展格局，才能在科技自立自强中突破"卡脖子"问题，实现新发展阶段的创新驱动，才能以供给侧结构性改革和需求侧管理实现国内大循环的重构和提升，才能在国民经济循环畅通的基础上构建更高水平的开放型经济，进而在统筹发展和安全的基础上保证社会主义现代化行稳致远。

三、统一扩大内需战略基点和供给侧结构性改革战略方向

构建新发展格局强调构建以供求良性互动为目标导向的国民经济循

环，形成供给与需求之间的良性互动。构建新发展格局必须以扩大内需为战略基点，同时以深化供给侧结构性改革为战略方向。怎样统一战略基点与战略方向，把以国内大循环为主体与深化供给侧结构性改革为主线有机统一于构建新发展格局进程中，是十分重要的理论和实践问题。

新发展格局以国内大循环为主体，而国内大循环的畅通意味着供给与需求之间的协调和均衡。一方面，要以有效需求拉动供给。市场经济体制下，有效需求的扩张是供给增加的前提，同样地，需求结构发生变化也是供给结构调整的根本动力。要让供给适应需求的变动，满足社会主义市场经济的客观要求。忽视需求对供给的拉动作用，盲目地扩大供给，就是忽视市场对生产的调节作用，只会造成结构性的产能过剩，以及资源配置的无效率。

另一方面，要以更高质量的供给满足需求，并创造更多的需求。优化供给结构，改善供给质量，是提高供给结构对需求结构的适配性，从而扩大内需的重要途径。我国虽然是制造大国，但还未实现向制造强国的跨越，国内供给质量仍然偏低，这造成了需求疲软的现象。实际上，伴随国内经济的持续增长和人民生活水平的不断提高，国内居民对产品质量和种类的要求也越来越高，消费需求不断增长，但国内供给能力的提高赶不上需求结构的变化，进口不断增长和内需不足两种现象同时发生，这根本上还是供需结构不匹配。统一扩大内需战略基点和供给侧结构性改革战略方向，根本上还是要以有效需求拉动供给调整，同时以更高质量的供给满足需求并创造需求，形成相互促进的良性循环，推动国民经济循环畅通。

为了促进国民经济循环的健康发展，我们不仅要在供给端做足文章，而且要配合以需求侧的调整。需求的管理是我们扩大内需战略最重要最基础性的举措。在中国特色的宏观调控体系里，短期需求侧管理通过积极的财政和货币政策，通过补贴、转移支付和降低利率等方式使短期投资和消费得到扩大，这只是一个层面。需求侧管理还隐含着需求侧的制度改革，蕴含着需求侧的整体运行机制的改革和调整，也蕴含着与需求结构相对应的一系列结构性的变化。

为扩大内需，使我国超大市场的潜力能够进一步发挥，避免需求政策拘泥于过去逆周期调整层面的短期宏观政策刺激，必须从制度层面、机制层面、体制层面等诸多层面共同做文章，使我国的内需潜力得到释放，使我国内需所面临的一系列的扭曲问题得到解决，使我国在供给和需求动态平衡中，真正打通生产、流通、消费、分配各个环节所面临的堵点、断点。具体包括在收入分配上做出更大的调整，或提供与需求匹配更精准的公共服务和公共基础设施以降低民众消费的成本，等等。

第四章

供给侧结构性改革是形成新发展格局的供给基础

党的十九届五中全会明确提出，要加快构建以国内大循环为主体、国内国际双循环相互促进的新发展格局。构建新发展格局的关键，或者说战略支撑在于创新，创新驱动和引领是构建新发展格局的根本功能。构建新发展格局的重点在于必须以扩大内需为战略基点，同时以深化供给侧结构性改革为战略方向。新发展格局之所以要以深化供给侧结构性改革为战略方向主要是因为以下原因。

从需求侧及需求管理的角度来看，需求本身存在硬性约束，需求管理在解决供给与需求的矛盾中的动力也逐渐减弱，难以再承担起保增长的使命。

第一，从需求侧本身来看。一直困扰中国经济的居民消费需求不足，并非绝对意义上的需求不足，实质上表现为低水平上的有效需求不足：一方面，它是以中国产业结构的低级化为基础的；另一方面，它是在中国居民收入水平总体上升而收入差距有所扩大的情况下形成的。以拉动内需为目的的积极财政政策之所以没有达到充分刺激居民消费的目的，是因为这种问题本质上是供给侧的问题，并非需求管理手段所能解决的，需要创新供给以创造新需求。外贸发展余地越来越小，难以有效刺激出口需求。2000年以来，随着产品内分工模式主导下的全球价值链和地区性价值链的最终形成，支撑我国制成品出口增长的最大动力来源——对其他经济体的自然替代过程——已经消失了，无论是增加对现有市场的出口，还是开拓新兴出口市场，只能依赖目标市场规模的扩张，或者在与其他出口国的竞争中获胜。显然，这些只能带来边际意义上的贡献，可以稳定我国的制成品出口，但是不足以推动我国制成品出口的持续高速增长。企业的投资需求，由于多年来粗放式投资导致的新增投资的资本边际效率降低而降低。而大规模财政刺激下的定向产业投资，从历史经验来看，又将造成严重的产能过剩。

第二，从需求管理角度来看。以往的历次经济刺激以财政和货币手段加大资源投资，特别是信贷投入，使得微观经济主体积累了很高的杠杆，在经济增速下降的背景下，蕴含了巨大的金融风险。另外，财政和货币政策本身也受限于客观条件。汇率利率联动制约了国内货币政策独立性，制约了需求管理的手段。在资本双向流动规模扩大、国内外金融市场联系日益紧密的环境下，货币政策的独立性大幅降低。货币政策日益受到欧美等国政策的影响，独立使用货币政策刺激国内需求的约束越来越强。我国税收进入低速增长新阶段，同时财政支出刚性限制了财政政策运作的空间。这是因为企业增加值等指标增长放缓，经济条件难以支撑税收的高速增长。在这种环境下，财政支出刚性还在增强。

从供给侧来看，传统的粗放式供给模式后继乏力，制约了全要素生产率的提高，导致了生态环境的恶化，并且还加剧了供给总量与质量之间的矛盾，因此亟须实现新的突破。

第一，生产要素价格作为供给成本的核心部分已进入上行阶段，投资回报率也已呈现出递减趋势，这使得简单积累要素的粗放增长模式难以为继。改革开放以来，我国经济增长的两个主要推动力是劳动力从农业向制造业的大规模转移和大量的固定资产投资。伴随着刘易斯拐点的到来，我国的劳动力价格开始了稳步上升，在生产率不能保持增长的情况下，必然导致成本上升。同时，大量的固定资产投资带来传统产业产能过剩、回报率递减，企业效益下滑，增长乏力。新常态是要素价格上行期、回报率下降期，传统的要素推动的增长模式带来的产出增量越来越小。

第二，新常态对经济增长的一个约束是实现共同富裕，这就要求转变增长模式，从让一部分人先富起来，转变为真正使全国人民实现共同富裕。传统需求刺激和大量资本堆积实现的经济增长更多地使得收入落入资本账户，劳动收入占社会总收入的比重较小。要调整收入分配结构，只有通过调整生产侧的供给模式，才能调整要素价格和要素的空间流动，使劳动者获得体面报酬、贫困者实现脱贫。

第三，资源过度消耗，生态环境承载能力下降，生态短板突出。高污染、高能耗行业在我国占据较大比重，盲目上项目导致水土流失严重，人居环境变差。虽然传统供给模式带来了经济增长，但环境成本巨大。环境承载能力成为生产侧的硬约束，制约了供给能力的进一步提升。因此，更为和谐的自然经济关系成了供给侧的巨大挑战。

第四，传统供给模式制约全要素生产率的提高，粗放式的增长后继乏力。传统以产量为导向的供给模式、低水平的重复建设和盲目模仿又抑制了社会的创新动力，企业满足于提供同质性低技术产品，这导致我国的全要素生产率21世纪以来增长缓慢。

由此可见，新常态下需求侧的运作空间已经十分有限，供给与需求的矛盾已经转化，供给侧已上升为矛盾的主要方面，需要新的突破，以通过新的供给来拓展更广阔的需求空间，保持经济中高速增长。供给侧结构性改革的提出，正是顺应了这种矛盾主次方面转化的客观要求①。

---

① 刘元春. 供给侧结构性改革的理论逻辑探析. 国家治理，2016（12）：36-48.

生产环节存在的堵点

一、生产过程中存在关键技术瓶颈

新发展格局的本质是经济循环的畅通。生产环节是经济循环流通的起点。对于能否建立起高质量的内循环流通机制，以及能否实现内循环在不断的升级迭代中逐步成熟与稳定，生产环节起着至关重要的作用。我国目前生产环节面临的最关键的堵点问题在于"卡脖子"技术。具体而言，是指在高科技产业领域存在一些由于我国自主研发能力不足、技术工艺水平有限而无法突破的技术奇点，从而使我国处于长期需要依赖进口相关技术与关键零部件的被动局面。当国际局势紧张，不确定性上升时，"卡脖子"技术对我国生产环节的限制会更加明显。例如，2018 年美国商务部声称中兴通讯未遵守相关承诺条款而对其进行技术制裁，严禁美国企业向中兴通讯出口相关产品与技术。美国这一举措对中兴通讯乃至我国整个通信行业都产生了一定的冲击。中兴通讯的业务覆盖基站、光通信与手机，美国禁止向其出售的芯片产品与技术处于产品制造的核心地位，在三大领域中无一不起着决定性作用。我国的芯片自给率不足，短时间内芯片研发技术无法达到国际领先水平。与此同时，在芯片制造的过程中，从二氧化硅的提纯到最终在指甲盖大小的芯片上集成 100 多亿个晶体管，每一步都需要精细的操作，且关键材料与设备皆需要进口。芯片制造中的"卡脖子"问题不仅体现在材料、设备的进口依赖上，而且更多地体现为其所涉及的各个生产环节中的技术细节无法突破。芯片技术的迭代需要高额的实践成本与长期的试错过程，这也是长期以来我国芯片自主化进展缓慢的主要原因之一。而更宏观地看，突破"卡脖子"技术最终需要依赖国内产业链的搭建。芯片产业链的搭建涉及设计、加工、设备配套、人才培养等众多领域，不仅需要资金的支持，更需要体系的建设、人才的培养与政策的支持。追上世界先进技术甚至需要几十年的实践与沉淀。我国在多个产业领域皆存在"卡脖子"技术。例如，决定芯片性能上限的光刻机，我国长期依赖进口，国内技术精度最高只能达到 90 纳米，而国际水平已达到十几纳米。光刻机的生产环节涉及十几个子系统、三万个零部件，产品精度极大程度上依赖工艺的精细化，在这一点上我国始终处于被"卡脖子"状态。在手机制造领域，我国也缺乏自己的操作系统。2017 年安卓系统市场份额高达 85.9％，苹果 iOS 系统为 14％，其他系统也是来自美国。系统开发由于具有极高的进入壁垒，几乎不存在生态空间，因为软件厂商大多只会在主流的操作系统上进行软件开发。一旦现在使用的安卓系统不再免费，我国的手机行业就会受到巨大冲击。其他行业诸如半导体行业、汽车行业、新能源行业、锂电行业、医疗行业、航天业等皆存在不同程度的"卡脖子"技术问题。而这些问题的突破无一不需要长时间的资金、人力与政策的投入。

我国目前处于技术升级阶段。在过去几年的快速发展中，我国虽然深度参与了国际贸易，但技术引进与原始创新始终处于瓶颈阶段。加之当前国际局势的紧张态势进一步加剧，中美关系不确定性急剧上升，我国面临的"卡脖子"技术问题更加突出。由于技术问题无法得到实质性解决，我国的出口始终无法实现有效的增长，多年来仍然作为世界工厂参与全球价值链的形成。"十三五"以来，我国深入推进实施创新驱动发展战略，创新正在成为引领发展的第一动力。统计数据显示，2019年我国科技进步贡献率达59.5%。在世界知识产权组织发布的2020年全球创新指数中，我国位居世界第14位，创新型国家建设取得新进展。但随着美国挑起贸易战并联合盟国试图与中国经济"脱钩"，我国科技领域面临的瓶颈问题进一步凸显。我国关键产业发展需要的高端设备、重点零部件和元器件等大多依赖进口，且核心技术同样受限。因此，在新一轮科技革命和数字化生产呼声迭起的背景下，能否突破关键领域科技发展瓶颈是畅通国内大循环的重大考验。

从历史来看，任何一个大国要想在国际大变局中拔得头筹、赢得胜利，就必须以内为主，必须扎稳自身的基本盘。必须在国内大循环的基础上实现关键技术、核心技术、"卡脖子"技术的全面突破，才能够真正实现发展与安全的统筹。即使很多行业暂时不存在"卡脖子"问题，但由于国际局势不确定性的急剧上升，后疫情时代的风险逐步释放，各产业链上的各个环节也都面临着相应的风险。我国必须在不确定性上升的时代，尽快建立起新格局和新风险的把控思路，必须明确各产业链、供应链所面临的风险。只有这样，才能使我国的发展安全可控，使我国的竞争力即使在高度不确定的环境中也能得到确定性的提升，并且立于不败之地。过去，我国参与全球化，很多核心技术和核心部件都依赖全球分工体系。在逆全球化思潮泛起的背景下和大国博弈的环境中，这种情况很容易对中国的产业链、供应链带来根本性的冲击。因此必须在技术层面，通过基础研发和集成性的创新突破目前的"卡脖子"技术。

二、供给侧的三大结构性失衡

（一）实体经济内部结构性失衡

供给侧作为产品和劳务的提供方，包括量和质两个方面。传统以量为主导的粗放式供给模式给我国经济社会带来了诸多隐患，表现为供给的总量与质量不相匹配，缺乏有机的统一，其中最根本的就是供给方面的结构性问题。在排浪式消费结束、量的短缺基本解决的情况下，商品质的提升成为供给侧更为关键的问题。在有效供给不足的情况下，消费者更加关注消费品质的提高，这与我国传统供给能力脱节。改革开放之初，因为收入较低，消费者关注的是有足够的商品来满足基本的消费需求。以往的供给侧政策更多的是刺激产量，加大供给，这与当前消费者对品质的要求脱节，无法激发更大的消费潜力。无效供给过大，无法与现实需求相匹配，过剩产能难以消化，加剧了供需中的结构性矛盾。经过几十年的发展，大规模的、排浪式的基础设施建设和城市化建设已经过去，而此前由此建立起来的钢铁、水泥等行业却一时难以转型，面临着严重的产能过剩。这使得结构性问题雪上加霜，成为当前供给侧面临的严峻现实难题①。

1. 供给主体的制约

首先，政府投资与企业投资之间存在失衡，供给主体错位。在市场经济体制下，政府的投资起到的是战略定位的效果，旨在启动经济增长，只

---

① 刘元春. 供给侧结构性改革的理论逻辑探析. 国家治理，2016（12）：36－48.

有企业投资跟进才能实现资本的循环与产品的循环，从而形成源源不断的增长动力。长期以来，我国政府在基建投资方面仍然占据主要地位，对企业投资形成准入壁垒，企业投资跟不上就导致政府主导的投融资领域内难以形成有效的市场竞争机制，进而导致低效供给。

其次，企业结构存在失衡，供给主体活力不足。表现在如下方面：一是企业规模结构失衡。目前仍然是大型国有企业占据较多资源，中小民营企业存在发展环境受限的问题，在面临各种阻碍的情况下，中小型民营企业很难完成产品生产从量到质的转变，从而进一步削弱私人投资的力量与活力。二是企业市场结构失衡。市场中仍然存在大量垄断企业与过度竞争企业，不利于形成良性的竞争模式，从而不断侵蚀各中小企业的发展潜力。三是企业产业存在失衡。市场上仍然以传统企业为主，这些传统企业长期以来又存在垄断效应与低效供给，缺乏市场活力，产能过剩的企业很多，而新兴产业企业的体量严重不足，发展缓慢。

2. 产品供给的制约

首先，创新能力不足导致产品聚集于低端供给。长期以来，我国企业大多注重技术引进，但缺乏创新能力，使得产品生产过程中的技术含量较低。创新能力不足使得产品生产无法适应消费需求的升级，造成供求错配及普遍的产能过剩。

其次，质量管理欠缺使得高端产品供给不足。我国生产规模迅速扩大，产品生产数量处于较高水平，但产品质量发展不均衡。作为生产者的企业往往没有动力进一步提升产品质量，产品定位也往往处于低端，进一步阻碍了产品质量的提升。

3. 要素供给的制约

劳动力要素存在供给制约。当前劳动力市场上的供给制约表现为人口生育率常年处于较低水平，人口红利逐渐消失，劳动力成本不断攀升。从劳动力供给层面看，也存在结构性失衡，具体表现为：一是人口老龄化现象明显；二是低素质劳动力供给较多，而高素质劳动力供给不足。我国又处于劳动密集型导向的发展模式向资本密集型导向的发展模式转变过程中，高素质劳动力的不足必然会制约生产模式的进阶。劳动力层面的结构性失衡极大程度上阻碍了产业的升级，而与此同时，随着产能过剩进一步化解，大量僵尸企业的低素质劳动力再次流向市场，会进一步加剧劳动力市场的供求矛盾。

土地要素存在供给制约。一是农村土地征收制度存在弊端。在我国的城镇化进程中，大量农村用地被城市建设征用，在土地要素市场未建立的情况下，农村土地无法自由流转，只能由政府征用。这就导致了土地增值带来的收益无法被农民分享，土地价格扭曲，严重损害农民利益。二是城市用地结构不合理。城市用地大量被用于商品住宅建设，导致商品房库存积压，与此同时，资本的空转与房价的虚高也导致了房地产泡沫的产生。不合理的城市用地最终使得公共保障房，经济新业态用地以及健康、养老产业等其他民生项目用地严重不足。

（二）实体经济与金融部门结构性失衡

自 2000 年以来，我国金融市场发展迅速，证券市场的飞速发展对我国资本市场改革与实体经济的发展都起到了显著的推动作用。然而，随着2008 年金融危机爆发后我国实施的四万亿元经济刺激政策的负面影响，以及实体经济的结构性矛盾的逐渐显现，我国实体经济存在着"脱实向虚"的风险。如图 4-1 所示，2008 年金融危机爆发后，我国广义货币供应量（M2）增长率达到前后五年的高点 26.62%，与此同时，GDP 增长率与工业企业增加值的增长率皆处于前后五年的低点，分别是 9.17% 和 7.52%。在 2009 年之前，M2、GDP 以及工业企业增加值三者的增长率长期保持一致，相差不超过 1 个百分点，实体经济与金融市场存在一定的动态均衡。然而，2009 年之后，随着我国经济经历结构性调整，在 GDP 增长率与工业企业增加值增长率皆出现下滑趋势的过程中，M2 增长率虽然也同步下滑，但增长率显著高于二者。例如，自 2012 年至 2015 年间，平均高出 4 个百分点，而在 2020 年，则分别高出 7 个百分点（M2 相较于 GDP）和 10 个百分点（M2 相较于工业企业增加值）。

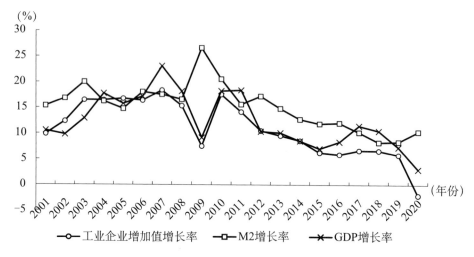

图 4-1 M2 增长率、GDP 增长率、工业企业增加值增长率

资料来源：中国国家统计局。

证券公司与基金管理公司的数量也在近几年呈现爆发式增长。证券公司的数量增长率在 2015 年与 2018 年分别高达 110.13% 与 101.54%，而基金管理公司的数量也在 2014 年至 2020 年间保持年均 5％ 以上的增长率。然而，工业企业数量的增长率在 2014 年至 2020 年间最高仅有 2.18％，最低为－1.55％（见表 4-1）。

表 4-1　我国基金、证券、工业企业公司数量增长率

年份	基金管理公司家数增长率	证券公司家数增长率	工业企业数增长率
2014	12.27％	3.49％	2.18％
2015	5.20％	110.13％	1.39％
2016	6.30％	2.01％	－1.19％
2017	6.57％	－48.82％	－1.55％
2018	5.79％	101.54％	0.60％
2019	6.47％	0.38％	0.76％
2020	3.74％	2.66％	1.39％

资料来源：CEIC。

从代表金融与实体经济发展的指标 M2 与 GDP 的比值（M2/GDP）可以看出，我国金融与实体经济之间存在严重的结构性失衡。自 2004 年至 2020 年，我国 M2/GDP 皆高于同期的美国、英国、日本，例如 2016 年至 2020 年我国 M2/GDP 分别为 1.99、1.92、1.95、2.08，这意味着，我国创造 1 个单位的 GDP 差不多需要 2 个单位的货币，而同期美国的 M2/GDP 仅为 0.70、0.69、0.69、0.85（见图 4-2）。实体经济与金融之间在过去十几年的发展中存在显著的背离，金融与实体经济的结构性失衡会加重我国发生系统性风险的隐患。

（三）房地产泡沫与国民经济协调发展的结构性失衡

近年来，房地产的价格波动对国民经济产生了显著的影响。房地产不仅是我国的支柱性产业，还是我国宏观经济调控过程中的核心产业。自市场化改革以来，我国房地产行业经历了飞速的发展，房价的不断上升一方面显著带动了相关制造业的发展与国民生活水平的提高，另一方面也导致

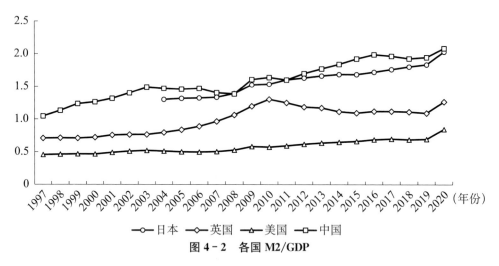

图 4 - 2　各国 M2/GDP

资料来源：CEIC。

了诸多问题。2008 年金融危机爆发后，在需求管理政策的刺激下，房地产
行业进一步飞速发展，但在近十年的发展中，随着我国经济增长模式的转
变，房地产行业逐步凸显出与实体经济的结构性失衡问题。

　　第一，房价的快速上涨吸引了大量社会资本，大量资金流入房地产行
业，不仅进一步推高了成本价格，形成显著的资源错配，而且使得实体经
济存在投资不足的问题，无法完成有效的资源配置。随着我国经济转型的
逐步推进，全社会固定资产投资增速显著下降，从 2013 年的 19.1％下降
至 2018 年的 0.7％，2019 年以及 2020 年两年呈现负增长。而房地产投资
增速却没有发生同样的趋势变化，我国供给侧结构性改革过程中针对房地
产行业的去库存政策使得房地产投资在 2015 年左右达到增速低点（1％），
随后不断上升，变化趋势开始与全社会固定资产投资增速出现背离，2019
年增速保持在 10％左右（见图 4 - 3）。考虑到我国宏观经济近年来面临投
资需求疲软的局面，当我们进一步细分投资方向时，发现房地产行业的投

资仍然保持高速增长的态势，这显然会进一步恶化我国由于投资需求疲软
所带来的经济下行压力。

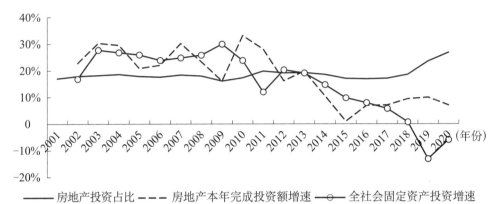

图 4 - 3　全社会固定资产与房地产投资增速

第二，房地产行业在迅速发展的过程中，基于其特殊的投资属性与消
费属性，滋生了诸多隐性风险。房地产价格在飞速上涨的同时，也经历着
显著的分化。大多一、二线城市房价高涨，吸引大量资本，削弱实体经
济，基于房地产的抵押性质，很快在资本市场上形成局部泡沫效应，进一
步推升家庭部门杠杆。而与此同时，三、四线城市的房地产价格仍然低
迷，尤其在经济承压时期波动加剧，前期房地产的大量投资并未形成有效
的资金回笼，从而产生大量的房地产库存，造成产能过剩。无论是一、二
线城市不断高涨的房价，还是三、四线城市的产能过剩，都加剧着我国的
贫富分化与区域分化。

三、生产方式转变困难导致的产能过剩

供给侧目前面临的最主要的堵点是产能过剩，而产能过剩的成因是多
方面的，产业不同以及我国经济增长处于的不同阶段所面临的内外部需求

结构不同都会直接或间接导致产能过剩。产能过剩的直接表现是经济或产业增长放缓与资本收益率或利润率下降。对产能过剩的形成机制进行剖析与区分，有助于我们针对特定的产能过剩堵点采取精准的战略与措施，从而有效地将双循环与新发展格局的各个战略要点同产能过剩中的不同堵点进行精准匹配。在 2007 年至今的一段时间内，我国所发生的产能过剩的特定原因一方面来自内外需的结构发生了系统性变化，另一方面来自生产方式的转变面临较多阻力，短时间内难以适应需求结构的变化。

以往的供给体系是基于大规模生产方式，2000 年至 2007 年是投资和出口主导的需求结构。然而 2008 年金融危机爆发后，国内外需求结构发生显著变化，我国当时所采用的基于大规模生产方式的供给体系不再匹配当时的需求结构。金融危机之后的一个显著变化是市场迎来更加细分的领域，市场开始分化，不再统一，产品生产周期越来越短。大规模生产方式仅仅适合标准化的产品以及低端产品，中高端产品属于垄断竞争市场，需要产业的升级以及更加精细化的生产方式。此时即出现了结构性失衡。为什么会出现这种需求结构的变化？为什么大规模生产方式不再适应新的需求结构？大规模生产方式适用于标准化的产品生产的原因在于前期固定资产的大量投资与人员培训。成本投入较高，且宏观环境也处于投资驱动型的发展阶段，因此大量的大规模生产体系得以搭建。当市场上的基本需求得到满足后，按照市场的演化规律，产品需要通过不断细分的市场不断迭代，以适应更加多样化的、进阶的、不稳定性增强的需求结构。然而，我国当前的生产方式不仅无法在短时间内实现灵活调整，而且更重要的是，供给相对于需求存在显著的滞后性，市场的供给体系仍不具备引导市场需求的能力，依旧处于被动适应需求的阶段，这就不可避免地会导致生产与需求的周期性错配与结构性失衡。由于供给体系未得到及时引导与调整，因此在产能过剩实际发生后，供给体系对需求结构的适应更显得挑战重重。

从微观层面来看，产能过剩首先体现为制造业利润下降，而制造业利润下降的原因可能来自多方面，所有导致利润率下降的原因皆是产能过剩的一个侧面反映，共同形成了当前的企业利润率下降以及资本市场投资利润率下降的局面。首先，利润率下降来源于各产业的营收下降，营收下降反映了市场需求不足。市场需求不足有两方面原因：一方面，我国收入分配自改革开放以来逐渐呈现贫富差距增大的趋势；另一方面，人口增长率下降、房价过高侵蚀消费等原因也使得人们的消费能力不断下降。其次，值得注意的是，在一条产业链上，需求不足往往首先被终端产品市场所感知，而需求不足的信号在市场的传导中由于存在时滞性而往往引发供应链上各类产品的产能过剩问题。上游企业与下游企业所看到的市场需求信号是存在差异的，这就导致了进一步的信息滞后与产能过剩。具体而言，对于一些前期固定资产投入较大、标准化要求较高、长期以来都依靠大规模生产的产业，例如汽车零部件、钢铁行业等，下游市场即终端产品的需求的断崖式下降对上游企业产生的影响往往存在滞后性，这是由于终端产品厂商投资的一部分转化为原材料存货，只有当存货消耗至临界点以下时终端产品厂商才可能继续产生对上游企业的订单。因此，上游企业往往会提前生产产品，以适应下游企业周期性的订单，而当上游企业逐渐意识到当期的订单预期不足，且该预期偏差是来源于终端市场的需求不足时，就会产生产品的滞销，而这一滞销又会通过同样的方式进一步传导至更上游的企业。如果对于某一生产链来说，市场需求下降会导致各生产阶段厂商遭遇产品滞销，那么可能处于生产链低端的厂商面临的产能过剩更加明显，这是由于它们所接收到的需求不足的信号更加滞后，调整时间与空间严重不足。

因此，我国的产能过剩，一方面是因为人口增长率下降、收入分配失衡等长期因素所导致的需求不足，另一方面是因为我国供给体系中的绝大部分产业都处于依赖大规模生产的低端产品体系，其生产模式及在生产链中所处的阶段导致这部分产业对市场需求变动的感知能力较弱，从而极易形成存货及产品的积压，产能无法灵活调整。与此同时，这部分以大规模生产方式为主的产业，由于其固定投资投入较大、生产模式相对固定、生产产品单一且市场适应性较差，因此在市场受到负向冲击时更加难以调整产能，从而极易形成产能过剩。从这个角度来看，产能过剩的本质是供给体系的生产模式缺乏灵活性。而对这一问题的解决，一方面需要不断提升生产技术，形成能够灵活调整适应甚至引导市场需求的生产模式，另一方面要探索出当产能出现过剩时的纾解政策。

第二节

畅通生产环节的改革方向

——深化供给侧结构性改革

一、加强激励自主创新的措施

适当强化类别化的知识产权保护机制和专利制度，通过制度创新形成有利于各经济行为主体开展创新活动的制度环境，扫除困扰产学研合作机制构建的制度性制约因素。首先，通过对中国专利资助政策的全面改革，激励中国高质量专利的创造与产生，同时，有效激励高质量专利的产业运用价值的发挥，促进专利对中国经济增长速度和质量的双重有效支撑机制的形成。其次，通过知识产权保护制度和专利激励政策的深度融合，激发企业自主创新能力提升的内生动力机制，激活政府机构、研究机构（包括大学）、科技中介机构和企业生产部门"四位一体"的新型创新联盟体系。

进一步清晰政府与企业的边界，铲除官商共谋的土壤，完善市场机制，创造公平竞争的环境，激发企业家的创新精神，增强微观主体自主创新的动力。通过切实的简政放权约束和规范政府对微观经济部门的干预，将权力关在法治的笼子中。另外，真正落实和推进中央制定的国有企业全面改革方案，扭转国有企业在关键产业链的行政垄断势力延伸与固化的格局，形成国有企业自身创新能力提升的有效激励机制，同时，消除国有企业部门对民营企业部门创新能力提升的阻碍效应和拖累效应。

全面改革既有的传统产业扶持政策以及各级政府普遍实施的创新补贴奖励政策，紧密依靠政府对有效激励创新制度的全面创新和重新设计，形成促进微观经济部门自主创新能力提升的正向激励机制。一方面，通过引入专家咨询和第三方监管机制，强化针对政府创新补贴奖励资金的覆盖事前、事中和事后的全面的政府财政资金监管机制，是当前可行的改革措施之一；另一方面，可通过设立融合政府"看得见的手"和市场"看不见的手"的两种机制功能的政府股权专项产业发展基金，依靠政府参股和设定总体产业发展方向的专业风险投资基金和私募基金，利用风险投资基金和私募基金的专业知识和市场化运作行为，实施既定的产业扶持政策和创新补贴奖励政策，从而有效解决政府过度干预的难题。

调整中国当前的对外贸易政策，构建中国主导的区域价值链贸易和投资自由化体系，通过构建对外开放的新格局形成有利于促进中国创新能力提升的外部环境。中国对外开放格局发展到当前阶段，加工贸易类型的对外贸易对中国的创新驱动发展战略以及经济可持续增长的负面作用，已经不容小觑。应鼓励从事一般贸易的民营企业对高技术含量中间产品的进口，充分拓展民营企业利用进口中学习机制来促进自身创新能力提升的空间。并且，也鼓励民营企业通过出口市场的多元化来抵消全球价值链体系对自身创新能力提升的负面影响①。

二、借助乡村振兴战略促进形成长期增长的内生动力

2021 年，国家乡村振兴局成立，《乡村振兴促进法》正式颁布。随着我国脱贫攻坚的顺利推进，为实现"两个一百年"奋斗目标，我国进一步转变乡村振兴的战略方向。现阶段我国社会的主要矛盾已经转化为人民日益增长的美好生活需要和不平衡不充分的发展之间的矛盾，其中一个突出的表现在于乡村发展的滞后与城乡发展的不平衡。乡村振兴的战略目标在于通过复兴乡村产业空间，融通城乡产业网络，重新活化乡村产业体系，在供给侧结构性改革过程中促进形成长期增长的内生动力。乡村振兴的总要求是"产业兴旺、生态宜居、乡村文明、治理有效、生活富裕"，产业

---

① 刘元春. 供给侧结构性改革的实施路径. 国家治理，2016（13）：37-48.

兴旺是重点。必须坚持质量兴农、绿色兴农，以农业供给侧结构性改革为主线，加快构建现代农业产业体系、生产体系、经营体系，提高农业创新力、竞争力和全要素生产率，加快实现由农业大国向农业强国转变。《中共中央 国务院关于实施乡村振兴战略的意见》指出，提升农业发展质量、培育乡村发展新动能要做到以下几点：

第一，夯实农业生产能力基础。深入实施藏粮于地、藏粮于技战略，严守耕地红线，确保国家粮食安全，把中国人的饭碗牢牢端在自己手中。全面落实永久基本农田特殊保护制度；大规模推进农村土地整治和高标准农田建设；实施国家农业节水行动，加快灌区续建配套与现代化改造；加快建设国家农业科技创新体系；高标准建设国家南繁育种基地；推进我国农机装备产业转型升级；优化农业从业者结构，加快建设知识型、技能型、创新型农业经营者队伍；大力发展数字农业。

第二，实施质量兴农战略。深入推进农业绿色化、优质化、特色化、品牌化，调整优化农业生产力布局，推动农业由增产导向转向提质导向。

第三，构建农村一二三产业融合发展体系。大力开发农业多种功能，延长产业链、提升价值链、完善利益链，通过保底分红、股份合作、利润返还等多种形式，让农民合理分享全产业链增值收益。

第四，构建农业对外开放新格局。优化资源配置，着力节本增效，提高我国农产品国际竞争力。实施特色优势农产品出口提升行动，扩大高附加值农产品出口。建立健全我国农业贸易政策体系。

第五，促进小农户和现代农业发展有机衔接。统筹兼顾培育新型农业经营主体和扶持小农户，采取有针对性的措施，把小农生产引入现代农业发展轨道。

三、构建企业生产网络，形成以内循环为主的供给体系，适应结构多变的需求体系

自改革开放以来，我国制造业获得了长足的发展，却没有在长期的发展中形成有效的演变机制，最终导致供给体系因无法适应逐渐多变的需求结构而产生产能过剩。究其根本原因，在于我国的制造业发展来源于逐步承担起"世界工厂"的契机，然而如今仍然囿于全球供应链的低端位置的局面。大规模生产方式确实促进了我国制造业在短时间内的爆发式增长，但长期来看，我国的制造业在全球价值链中仍然处于被动匹配全球需求的中下游市场。在 2000 年至 2007 年，我国作为"世界工厂"在全球经济循环中面临的需求是稳定且单一的，但同时也是外生的，这段时间在全球发挥的角色功能大于在国内发挥的角色功能，被动地处于低端且适应全球需求的位置。由于需求的稳定性与单一性，全球市场对我国生产体系不存在灵活性与多变性的要求。然而，在金融危机爆发后，全球需求结构发生显著变化，以往形成的"低端供应体系"显然无法适应多变的需求结构，而且，由于危机之前我国的内循环相当薄弱，因此国内供给体系与需求体系的匹配性也较弱。

为解决上述问题，首先，我国应通过推动混合所有制的改革，提高国有和国有控股企业的市场竞争性。我国现阶段对国有企业特别是大型和特大型国有企业进行的混合所有制经济改革，是产权制度的结构性改革，目的显然是提高其市场竞争性，使其适应社会主义市场经济的竞争要求。单纯的国有独资或绝对控股的国有企业，虽然在制度上能保证实现国有企业服务社会发展和体现国家总体利益要求的功能，但却难以实现市场竞争效

率最大化的目标。将国有企业改造为混合所有制经济之后，其企业目标原则上会发生根本的变化，不再以服务社会发展和国家总体利益需要作为首要目标，而是以适应市场竞争，获取最大盈利作为首要目标，企业服务社会、贡献国家的方式则以其他方式实现。

其次，要不断地推动产业结构升级，提高经济增长的效率。长期以来，相对于经济发展水平而言，我国产业结构的提升是滞后的。从一般市场经济国家的发展规律来看，工业化进程是要以第三产业（商业、交通运输业等）为基础的，因为工业化推进分工和生产专业化必须有流通领域的配合，无论是在西方老牌发达国家还是在日本和亚洲"四小龙"这些后起的新兴国家和地区都是如此。从现在各行业产能过剩的情况看，其主要集中在工业部门，而第三产业的供需则是相对平衡的，有些地方还存在着供给不足。这说明在供给领域或生产领域中行政主导的制造业投资很多时候会造成负作用，而主要由市场经济推动的服务业的发展则更为健康。因此在提升产业结构方面，供给侧改革实际上强调的是要按照客观经济规律办事，在现阶段就是要通过市场的法治建设和道德建设完善市场制度和市场秩序，真正让市场经济在配置资源上充分发挥决定性作用，实现各个产业的均衡发展[1]。

四、加强金融市场的供给侧结构性改革

在盘活实体经济的同时，我们也应该注重金融业与实体经济的紧密关系。自2000年以来，我国金融业发展迅速，证券行业蓬勃发展，各种普

---

[1]　刘伟. 中国宏观经济政策之反思. 中国经贸导刊，2016（19）：24-25，32.

惠金融措施稳步实施，但仍然面临着金融业与实体经济脱节的风险。具体而言，近年来，投资率普遍降低，资本市场上流动性充足但优质资产不足，最终催生了大量的信贷产品和证券产品，例如汽车金融等，而这些新兴金融工具的产生无疑加剧了金融市场的系统性风险。与此同时，金融发展在地区之间也存在显著的不平衡。北京、上海、深圳等地区金融业较发达，大量资本主要流动于上述城市之间，而其他城市，尤其是布局了较多实体经济的城市，则面临着资本市场流动性较低、上市公司稀少、融资渠道单一、融资压力较大的局面。金融对实体经济的发展显然具有较强的推动作用，金融的地区不平衡必然带来经济增长的不平衡。而在缺乏政策对其进行积极引导的情况下，资本的逐利性会进一步加剧这一不平衡。另外，各城市的经济之间又具有显著的联动性与溢出效应，资本的过度集中容易引发局部的金融风险，且实体经济发展不匹配意味着缺乏风险分散的能力。中国（深圳）综合开发研究院发布的第八期"中国金融中心指数"指出，以直辖市和省会城市为主体的 31 个金融中心城市贡献了全国金融业增加值的 54%，拥有全国商业银行总资产的 81%、证券公司总资产的96%、保险公司总资产的 96%，包揽了 100% 的全国性金融市场[①]。然而与此同时，在工业化和城镇化过程中快速兴起的大量新兴中小城市和偏远地区的金融资源供给明显不足。我国金融业当前以银行为主导的金融体系的空间集中趋势不断加强，这虽然有助于提高大企业尤其是国有企业的生产效率，但也会对中小企业产生挤压效应，导致这些企业长期面临融资贵

---

① 综合开发研究院（中国/深圳）. 中国（深圳）综合开发研究院发布第八期"中国金融中心指数". （2016－11－05）［2022－01－16］. http://www.china.com.cn/opinion/think/2016－11/05/content_39642012.htm.

融资难的问题。

2019 年 2 月，习近平总书记在中共中央政治局第十三次集体学习时强调，深化金融供给侧结构性改革，平衡好稳增长和防风险的关系。2019 年 12 月，中央经济工作会议指出，要深化金融供给侧结构性改革，疏通货币政策传导机制，增加制造业中长期融资，更好缓解民营和中小微企业融资难融资贵问题。《中共中央 国务院关于构建更加完善的要素市场化配置体制机制的意见》强调，推进资本要素市场化配置，增加有效金融服务供给。《中共中央 国务院关于新时代加快完善社会主义市场经济体制的意见》也提出，健全支持中小企业发展制度，增加面向中小企业的金融服务供给，支持发展民营银行、社区银行等中小金融机构。总的来看，金融供给侧结构性改革的本质是通过改革实现金融制度优化和服务效率提升。

金融供给侧的改革，首先要不断完善金融基础设施建设，培育良好的金融市场环境。我国目前的金融市场仍然是以银行体系主导的间接投融资为主的体系，虽然证券市场近年来发展迅速，但相比于银行的信贷体量仍然处于从属地位。与此同时，股票市场的活跃度也相对较低，仍然存在大量的投机投资，价值投资的市场机制仍未建立。这一方面是由于资本市场的监管不严，大量公司在上市时由于审计的不规范与监管体系的不健全往往存在信息不对称的风险，公司价值无法得到合理评估，价值洼地很难通过技术与基本面的分析科学地被识别，投机现象因此显著存在；另一方面是由于股票市场的参与者仍是少数，且缺乏对资本市场的合理认知，价值识别能力较弱，缺乏相关技术与知识的培训。因此，长期以来，我国股票市场一方面很难实现体量的显著增长以惠及更多的投资者，另一方面又无法通过健康的资本环境真正意义上实现对实体经济的反哺。公司也往往以上市为终点，研究表明，很多上市后的公司在管理与经营方面出现了显著的松懈。因此，金融供给侧的改革首先需要加强对市场的培育，建立完善的监管机制与培训机制，加强信用体系建设，提升金融监管效能。金融供给侧结构性改革要求加强监管协调，坚持宏观审慎管理和微观行为监管两手抓、两手都硬、两手协调配合。防范系统性金融风险是金融工作的永恒主题。推进金融供给侧结构性改革要处理好其与金融稳定、经济发展的关系，必须提升金融监管效能，把防范系统性风险和加强金融消费者、投资者保护作为金融监管的主要方向。

其次，社会信用体制是保证经济良好运行的社会基础，是现代市场经济的基础。目前中小企业面临融资难与融资贵的问题的重要原因在于中小企业社会信用数据缺失、信用技术不适应与相关惩戒措施不到位。《中共中央 国务院关于构建更加完善的要素市场化配置体制机制的意见》提出，推动信用信息深度开发利用，增加服务小微企业和民营企业的金融服务供给。这就要求完善信用体系建设，可考虑将中小企业、民营企业的信用数据进行整合；扩大信用惩戒覆盖的领域，特别是要将电子商务、网络社交领域等纳入联合信用惩戒范围，增强金融机构开发相应的市场化金融产品和服务的信心，降低中小企业、民营企业的融资成本。

最后，加强金融市场对实体经济投资方向的引导，强化政府基金的引导作用。近年来，多地政府设立政府引导基金和成果转化基金，对当地的高科技产业进行初创期的孵化与投资，以增强初创企业资金竞争能力。设立政府引导基金是我国金融供给侧结构性改革的一项重大举措。我国当前处于供给侧结构性改革的攻坚阶段，对于市场的建立、产业的发展与生产网络的建设等很多方面都处于从零到一的过程，在这个过程中，资本的运作至关重要。我国资本市场虽然仍然欠发达，大量中小企业仍然面临融资难的问题，尤其是一些新兴技术产业的初创企业，融资问题更具挑战，但近年来已经出现了很多风险投资基金，私有风险投资基金一定程度上缓解了中小企业的融资渠道匮乏的问题。然而，私有风险投资基金仍然面临诸多局限，无法有效地承担起促进产业发展的角色。例如，私有风险投资基金往往以财务投资为主，即只看重企业中短期的盈利能力或者上市能力，而不看重企业的产业发展价值以及长期战略价值，这就使得一些前期需要大量投资且盈利周期较长的高技术产业无法获得私有风险投资基金资本的支持。另外，创新创业企业面临的信息不对称、逆向选择、道德风险与代理问题，导致创新创业企业非常容易遭遇融资约束与资金缺口。而政府引导基金则可以极大程度减少这一资本市场失灵现象，通过"信号传递"的方法，缓解创新创业企业所面临的信息不对称问题。政府引导基金对某创新创业企业的投入往往会成为对该创新创业企业价值的背书，市场杠杆效应非常显著。而当政府引导基金可以基于当地的产业发展战略对一些企业进行孵化与投资时，再辅以相关政策优惠，就可以实现从金融角度推进经济的供给侧结构性改革。

第五章

总需求战略是构建新发展格局的需求基础

　　构建新发展格局在本质逻辑上要求构建和谐的整体格局，协调各个经济环节，全面解决经济发展中不充分不平衡的问题。供需平衡是其底层逻辑要求，并且我们现在追求的供需平衡要在多个层面实现均衡，在总量、结构上要实现双重均衡。经过改革开放以来的发展，我国供求不平衡的矛盾已经从总量不平衡转向结构不平衡，部分低端产业出现产能过剩而国内需求难以消耗，部分消费需求又无法从国内供给得到满足，同时过去国内需求的结构问题也导致了资源配置不合理的情况，存在房价高企、杠杆率偏高、产业发展不协调等问题。

　　要构建新发展格局，国内大循环的畅通是至关重要的，要按照构建新发展格局的内在要求，做强国内市场，贯通生产、分配、流通、消费各环节，打破行业垄断和地方保护，形成国民经济良性循环；推动金融、房地产同实体经济均衡发展，实现上下游、产供销有效衔接，促进农业、制造业、服务业、能源资源等产业门类关系协调。

　　一方面，供给侧结构性改革是形成新发展格局的供给基础，要着手调整实体经济内部、实体经济与金融部门、房地产行业与国民经济协调发展这三个方面的结构性失衡，通过深化供给侧结构性改革来改善供给结构、提升供给质量，优化产业上下游，以建设现代化经济体系。

　　另一方面，要实现供求平衡，同样要重视需求端。目前我国需求端缺乏长期增长动力，也难以实现结构上的良性调整，本质上是分配环节和消费环节存在堵点。我国人口增速持续放缓，人口老龄化程度逐年上升，在整体人口结构变化的大背景下，同时存在收入分配结构不合理问题。初次收入分配中住户部门占比偏低、城乡差距较大、贫富差距较大等导致中等收入群体规模不足、中低收入群体潜在消费需求被抑制等问题。同时，国内供给的产品和服务的质量不能充分满足国内需求，长期以来依靠投资需求刺激经济增长也导致了居民部门高杠杆的现状。要切实推动实施总需求战略，构建共同富裕的和谐社会是重要基础，需要多措并举，尤其是要健全我国三次分配机制，完善初次分配、再分配、三次分配协调配套的基础性制度安排。

推动实施总需求战略旨在畅通国内需求端，促进供需平衡，总需求战略是新发展格局的需求基础，也是畅通、优化国内大循环的战略基点，通过总实施需求战略实现需求升级是国内大循环整体升级的前提。

| 第一节 |
总需求战略的现实背景

一、需求端缺乏长期增长动力

我国经济在经历了长达 30 余年 10％ 左右的高增长之后增速开始出现持续下滑。2008 年全球金融危机爆发后，我国经济增速在经历了反弹后开始呈现持续下滑的态势，2019 年我国 GDP 增速降至 6.0％，2020 年受新冠肺炎疫情的影响 GDP 增速进一步降至 2.3％。我国经济发展进入新阶段，背后反映出的是我国经济高速增长的动力不足，尤其是需求端对经济增长的拉动能力自 2008 年之后明显减弱，需求端缺乏长期增长动力。

2008 年之后，三大需求最终消费支出、资本形成总额、货物和服务净出口对国内生产总值增长的拉动作用逐年降低，2020 年较 2008 年分别降低了 4.7、2.9、0.4 个百分点，2020 年最终消费支出对经济增长的拉动作用更是在新冠肺炎疫情的冲击下首次为负值，低至 -0.5 个百分点（见图 5 - 1）。

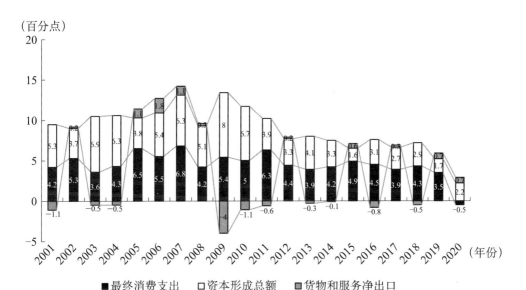

图 5 - 1　三大需求对我国国内生产总值增长拉动

资料来源：中国国家统计局。

首先，我国过去高度依赖国内投资需求的经济增长模式已经不再适用。在一般经济增长理论中，每个经济体的经济增长存在稳态水平，一旦经济体的经济增长达到稳态水平，其产出、资本存量等状态都会达到稳态水平，在人均层面不再变化，在达到稳态之前的过程中，资本积累速度也会逐渐下降，直至为零。在过去，我国已经经历了较长时间的经济增长和资本积累过程，并且还积累了产能过剩、高债务、民间投资积极性低等一系列问题，所以资本积累速度会进一步受到拖累。党的十九大报告指出，我国经济已由高速增长阶段转向高质量发展阶段。现阶段我国的经济事实和构建新发展格局的目标要求我国在需求端创造高质量需求，而不能只追求增速。而在过去的发展过程中，我国积累了一系列复杂的结构性问题，包括各产业链自身的供需结构失衡、经济过度金融化导致的实体经济部门与金融部门之间的失衡等，都严重困扰着经济发展。并且，我国经济增长速度过于依赖房地产投资与相应的债务拉动，这种增长模式使得经济增长承担了过大的风险，不利于经济的良性增长，一味只顾速度而不顾质量的发展模式已经不再适合当今的中国。本质上，是我国依赖投资需求拉动经济增长的模式导致了目前各方面的结构性失衡问题，而若未来继续采用这种模式，则一方面不仅不能创造投资市场的有效需求，反而会导致相关产业的产能过剩和房地产等市场的价格泡沫，另一方面还会提高我国经济整体的杠杆率，造成经济增长对债务的过度依赖，短期虽然有利于支撑经济增长，但不利于长期的需求扩张和经济增长，反而会提高经济的系统性风险。在新发展格局下，我国必须从根本上摆脱对房地产与债务的依赖，否则将面临严峻的经济发展风险。

其次，我国经济的消费端还有巨大的潜力尚未释放，而要释放这部分巨大潜力需要同时克服我国长期以来的经济结构问题，以及仍在持续中的新冠肺炎疫情带来的对消费的负面影响。2020 年，我国居民消费占国内生产总值的比重仅为 54.3%，低于全球平均水平，说明我国还有很大的消费潜力亟待释放，一条重要的释放路径就是完善收入分配与社会保障体系。以内循环促进外循环，是我国提高竞争力的根本方略。通过释放消费潜力，有力推动内循环，从而促进外循环，提高我国竞争力，畅通内外循环。我国拥有 14 亿多人口和庞大的中等收入群体，再加上每年上千万的新增人口，消费需求规模巨大，2020 年仅社会消费品零售总额就超过 39 万亿元。只要在社会经济增长的同时确保居民收入同步增长，且不断改善国民收入分配状况，扩大中等收入群体，缩小收入分配差距，我国消费需求增长就具有巨大的潜力。同时，仍在持续的新冠肺炎疫情，使我国消费需求受到冲击。受到冲击的部门存在显著的不对称性，恢复性政策也存在结构性效应，所以各个部门的复苏速度、复苏程度存在差异，可以说供给端比需求端恢复得更快更好，需求端内部又是外需比内需恢复得更快更好，内需中是投资比消费恢复得更快更好。总体来说，消费需求的恢复更加需要关注。这要求我们在坚持推进深化供给侧结构性改革的同时，采取有效举措促进需求端快速恢复，从而充分释放需求端未释放的潜力和疫情冲击下被影响的需求。2020 年消费需求受到严重冲击，各月社会消费品零售总额累计同比下降幅度最高达 20.5％，全年社会消费品零售总额同比减少 3.9％。随着网络消费的发展，网络消费的常规化、规模化使得网络消费额的增速渐近峰值，对社会消费品零售总额增速的促进作用边际递减。尽管 2021 年各月累计同比大幅恢复，但疫情之下我国消费需求仍然表现出恢复滞后、较为脆弱的特征。2020 年全年消费需求对经济增长的拉动作用为－0.5 个百分点，对 GDP 增长贡献率为－22％。

综上所述，我国在需求端存在缺乏长期增长动力的现实问题，尤其是内需的结构和水平都需要进一步优化提升，需要摆脱过去依赖传统房地产投资需求的经济增长模式，降低整体系统性风险，加强长期中对消费需求巨大潜力的发掘，提高中短期中消费端应对疫情冲击的能力。为此，需要分析需求端各环节存在的堵点并进行有针对性的疏通和解决。

二、需求端环节存在多重堵点

（一）分配环节存在的堵点

1. 居民部门的总收入占比整体处于下降趋势

根据收入法核算 GDP，GDP 最终成果分配为劳动者报酬、生产税净额、固定资产折旧和营业盈余四部分，其中归属劳动者部分为劳动者报酬。自 2001 年至 2017 年间，中国劳动者报酬占 GDP 比重有所降低，从 51.5% 降至 47.5%，且在 2002 年后就不曾达到 50%（见图 5-2）。劳动者报酬占 GDP 比重的降低会影响居民消费。

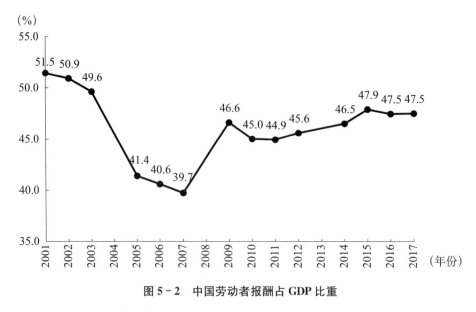

图 5-2　中国劳动者报酬占 GDP 比重

资料来源：中经网统计数据库。

从宏观层面来看，国民收入初次分配包括企业部门、广义政府部门和住户部门。2001 年至 2018 年间，我国企业部门初次分配总收入年均增长率为 14.0%，广义政府部门初次分配总收入年均增长率为 13.2%，住户部门初次分配总收入年均增长率为 13.1%，住户部门初次分配总收入增速最低（见图 5-3）。

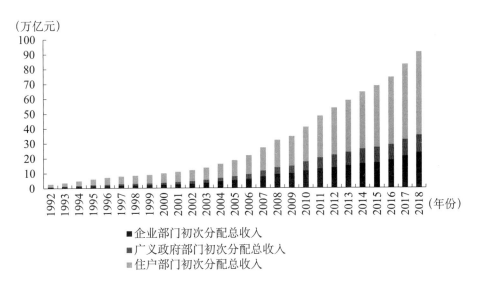

图 5-3　中国国民收入初次分配结构

资料来源：中经网统计数据库。

与此同时，住户部门初次分配总收入占比有所下降，且 2001 年之后一直未达到 2001 年水平，2018 年仅为 61.2%（见图 5-4）。宏观层面的初次收入分配失衡导致消费动力不足。

在初次分配中，需要优化职工工资性收入、企业利润、政府税收三者之间的比例关系，改变工资收入占比过低的格局。2020 年全国居民可支配收入占 GDP 比重仅为 44.4%，居民工资性收入占 GDP 比重仅为 24.7%，居民收入比重低成为制约消费需求的重要因素（见图 5-5）。

2. 城乡收入差距居高不下

我国目前收入差距存在于地区之间，也存在于城乡之间，但城市和乡

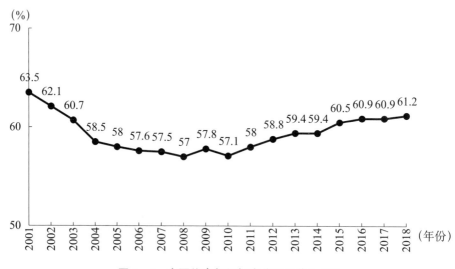

图 5-4 中国住户部门初次分配总收入占比

资料来源：中经网统计数据库。

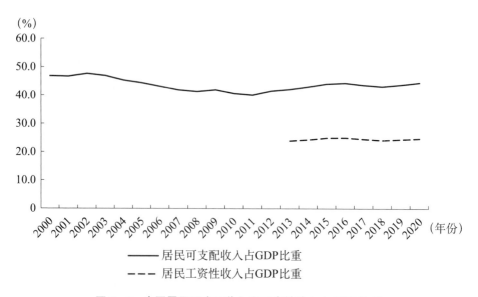

图 5-5 中国居民可支配收入和工资性收入占 GDP 比重

资料来源：中经网统计数据库。

村之间的差距更大，是我国收入差距的主要方面，城乡收入差距的背后是城市非农产业生产率和乡村农业生产率之间的差距。尽管 2001 年以来我国城镇居民和农村居民人均可支配收入都经历了颇为可观的实际增长，且 2009 年之后农村居民人均可支配收入实际增长指数超过了城镇居民人均可支配收入实际增长指数，但城镇居民人均可支配收入和农村居民人均可支配收入之间一直有本质性差距，直到 2020 年，城镇居民人均可支配收入仍是农村居民人均可支配收入的 2.6 倍（见图 5-6）。

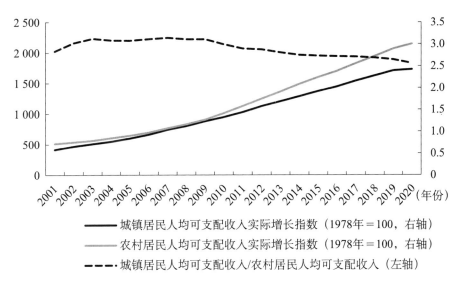

图 5-6 城镇居民人均可支配收入和农村居民人均可支配收入比较

资料来源：中经网统计数据库。

3. 中等收入群体规模偏小且收入增速降低

一国中等收入群体是支撑其需求水平的重要组成部分，中等收入群体规模和收入水平起着至关重要的作用。从我国的中等收入群体规模来看，根据国家统计局的数据测算，2020 年我国的中等收入群体规模占总人口的比重在 1/3 左右，14 亿多人口中有 4 亿多中等收入群体，社会结构接近金字塔形的失衡结构，而非更为理想的橄榄形结构。在橄榄形结构下，中等收入群体是社会构成的最主要部分，更加稳定，收入差距也更小。

从中等收入群体收入水平来看，近年来我国的中等收入群体的收入增速出现了较快的下滑。改革开放之后到 2015 年间，我国收入差距的扩大主要源于高收入群体收入增速高于其他收入群体的收入增速。如图 5 - 7 所示，2015 年以来，中等收入群体的收入增速都呈现出明显下滑的趋势，只在 2019 年回暖，但是高收入群体收入增速 2016 年和 2017 年有所上升，2018—2020 年也只有小幅的下降，低收入群体的收入增速 2016—2019 年都有所上升，2020 年才有所下降。整体来看，2015 年之后，只有中等收入群体的收入增速呈持续的显著下降态势。2020 年，中等偏上收入群体、中等收入群体、中等偏下收入群体的收入增速分别为 4.9％、4.8％和 4.2％，都低于低收入群体和高收入群体的收入增速（分别为 6.6％和 5.1％）。贫富差距问题直接表现为中等收入群体占比较小，而我国中等收入群体收入增速的下降趋势警示了我国中等收入群体规模的问题，中等收入群体对于整体内需拉动有着重要意义，亟须关注。

未来要想扩大中等收入群体规模，我国还将面临一些新的阻碍，主要有以下几点。一是，经济增速下滑将对中等收入群体产生更为显著的影响。众所周知，中低收入群体以工资性收入为主，而高收入群体拥有更多的财产性收入。工资性收入增长速度与经济增速密切相关，但就财产性收入而言，经济增速下行阶段由于资金"脱实向虚"倾向加剧，反而会推动部分房产与金融资产升值。因此，在经济增长速度下滑的背景下，受到影响最大的将会是中低收入群体，这会逐渐拉开其与高收入群体的差距，不利于中等收入群体规模的扩大。二是，中低收入群体背负的债务压力持续

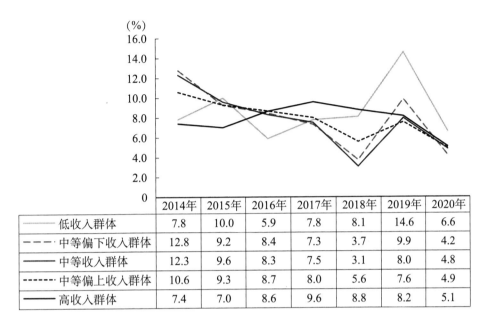

	2014年	2015年	2016年	2017年	2018年	2019年	2020年
低收入群体	7.8	10.0	5.9	7.8	8.1	14.6	6.6
中等偏下收入群体	12.8	9.2	8.4	7.3	3.7	9.9	4.2
中等收入群体	12.3	9.6	8.3	7.5	3.1	8.0	4.8
中等偏上收入群体	10.6	9.3	8.7	8.0	5.6	7.6	4.9
高收入群体	7.4	7.0	8.6	9.6	8.8	8.2	5.1

图 5-7　中国各收入等级群体人均可支配收入增速

资料来源：中经网统计数据库。

攀升。近年来，中国居民部门杠杆率攀升速度较快，据中国人民银行调查统计司数据，截至 2021 年第一季度，住户部门杠杆率已达到 72.1％。从居民债务的分布来看，债务负担最重的是中低收入群体，由此会使得偿债支出占据中低收入群体可支配收入的较大比重，从而不利于中等收入群体规模的扩大。三是，在人口老龄化不断加剧的背景下，未来养老与医疗等方面的支出负担将持续加重，从而相对降低中等收入群体的实际获得感与幸福感。总之，要扩大中等收入群体规模，既要破除长期以来导致贫富差距的体制机制问题，又要妥善应对新问题，这是新发展格局下总需求战略所面临的重要挑战[①]。

---

① 刘伟，陈彦斌．"两个一百年"奋斗目标之间的经济发展：任务、挑战与应对方略．中国社会科学，2021（3）：86-102，206.

4. 中低收入群体有强烈改善生活的需求，但购买力不足

我国目前中低收入群体虽然有着强烈的改善生活的需求和愿望，但不具备充足的购买力，并且疫情导致的不稳定性会着重加大低收入群体的生活压力，从而降低其消费意愿。城镇和农村中的高收入户的人均可支配收入远高于中低收入群体，虽然中低收入群体从逻辑上看有着较大的改善生活的需求，有较强的消费欲望，但是这种需求和欲望因购买力的限制而无法充分转化为实际的消费行为。2020 年城镇高收入户人均可支配收入达到9.6 万元，而中等偏上收入户、中等收入户、中等偏下收入户、低收入户的人均可支配收入分别只有 5.5 万元、3.9 万元、2.8 万元和 1.6 万元（见图 5 - 8）。

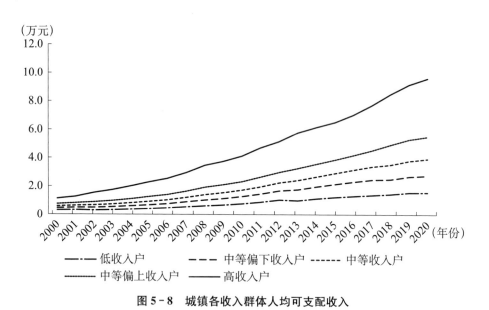

图 5 - 8　城镇各收入群体人均可支配收入

资料来源：中经网统计数据库。

2020 年农村高收入户人均可支配收入达到 3.9 万元，而中等偏上收入户、中等收入户、中等偏下收入户、低收入户的人均可支配收入分别只有

2.1 万元、1.5 万元、1.0 万元和 0.5 万元（见图 5 - 9）。

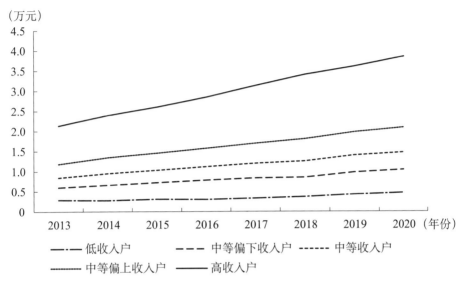

图 5 - 9　农村各收入群体人均可支配收入

资料来源：中经网统计数据库。

5. 人口增速持续下降，老年人口增加，消费群体规模增长受限

如图 5 - 10 所示，2000 年至 2020 年间，我国人口自然增长率和出生率均呈下降趋势，尤其是 2016 年之后出现大幅下降，虽然近几年生育政策有所调整，全面放开二孩政策，但 2020 年出生率反而 20 年来首次跌至 10‰以下，低至 8.5‰。同时，我国人口结构出现老龄化特征，65 岁以上人口占比持续上升，到 2020 年已经达到 13.5％。15～64 岁人口占比 2020年首次跌至 70％以下，为 68.5％。消费群体规模增长受限，具有有效需求的消费群体甚至有收缩趋势，这必将制约消费增长。中国人口老龄化的步伐在不断加快，中国即将步入深度老龄化社会。根据联合国的预测，2050 年中国 15～64 岁劳动适龄人口规模将比 2020 年减少约 20％，老龄化

在长期内对中国经济增长的抑制作用将十分显著。并且少年儿童抚养比从
2010 年开始呈上升趋势，老年人抚养比更是从 2000 年起就一直上升，两
个抚养比同时上升将增大 15～64 岁人口的抚养压力，降低其额外消费意
愿，进一步制约消费需求的释放。如果不提高我国的出生率，加大社会保
障力度，那么未来这一问题将更加严重。

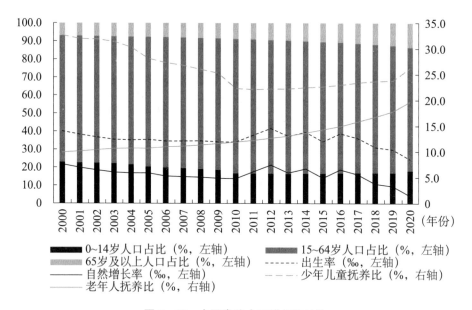

图 5 - 10　中国常住人口增长和结构

资料来源：中经网统计数据库。

（二）消费环节存在的堵点

1. 社会保障制度不完善，居民对未来支出缺少稳定预期

目前我国虽然已经建立了针对城乡居民的社会保障制度，但从住房、
医疗、教育和养老各方面全面考虑，整体社会保障制度仍然不够完善，难
以打消居民充分释放消费需求、消费意愿的后顾之忧。尤其是在我国逐渐
步入老龄化社会、人口抚养比持续提高、人口增速持续降低的人口结构背

景下，具有消费能力的人群要兼顾工作责任和抚养义务，完善可靠的社会保障制度是他们进行即时消费、不进行过度储蓄的重要后盾。

2. 消费者对产品和服务质量的要求不断提升

需求疲软导致的下行风险在于，无效供给得不到消化和有效需求得不到满足。消费环节存在堵点的一个根本原因在于供给侧，消费难以成为需求支柱的背后并不是需求不足，而是我国目前国内供给侧的质量和服务无法满足居民对产品和服务的要求，存在结构错配。要解决这一错配问题，根本上还是要推动供给侧结构性改革，解决部分低端行业产能过剩而高端制造业缺乏核心技术和高端产品的问题。这种供需结构的失衡主要源于资源配置效率低下，大量资源被配置到那些市场无法消化的生产部门之中，形成了无效的供给和过剩产能，而那些市场需求仍未能得到满足的生产部门却获取不到足够的生产资源，形成供给的短缺。资源配置无效率归根到底是由于体制机制不完善，供给侧结构性改革就是要破除体制机制的不畅，对无效供给的过剩产能予以破除，释放出更多资源用于创造有效供给，从而实现供给和需求的有效对接。

有效需求得不到满足的重要原因在于相应生产部门的生产成本较高。近年来，伴随着我国经济中人口红利、资源红利、土地红利、外贸红利逐渐变弱，实体经济的硬成本不断上升，进而对软成本的下降提出了更高的要求。其中，尤其是要降低制度性交易成本，清理涉企收费，降低用能、物流、融资等成本。从客观上看，无论是当前民间投资增速下滑，还是外资撤离，都和实体经济成本过高有关，应进一步通过"放管服"改革实现制度性交易成本的下降，也要对制约实体经济发展的长期累积的诸多制度障碍（如融资困境、税负较重）予以破除。

3. 高杠杆、高房价对居民消费支出挤占严重，弱化消费增长的长期基础

除了收入分配格局和产品供给水平外，高杠杆、高房价也对居民消费支出挤占严重，侵蚀了消费增长的长期基础。截至 2020 年末，中国住户部门杠杆率高达 72.5％，政府部门杠杆率 45.7％，非金融企业部门杠杆率 161.2％，总杠杆率则为 279.4％（见表 5-1）。与此同时，房地产开发企业商品房平均销售价格 2020 年末同比增速达 5.9％，整体一直保持上升趋势。高房价导致的居民部门高杠杆产生对居民消费支出的挤出，如果房地产市场增势不改，那么未来这种挤出将会更加严重。

表 5-1　中国杠杆率情况（％）

部门	2016 年	2017 年	2018 年	2019 年	2020 年	2021 年 Q1
住户部门	52.2	57.0	60.5	65.1	72.5	72.1
政府部门	36.7	36.0	36.4	38.6	45.7	44.5
非金融企业部门	159.8	159.0	152.2	152.1	161.2	160.3
总杠杆率	248.6	252.0	249.0	255.9	279.4	276.8

资料来源：阮健弘，刘西 . 近年来我国稳杠杆促增长取得显著成效 . 中国人民银行政策研究，2021, 8 (15)：2.

| 第二节 |
总需求战略的基本含义和实施方向

一、总需求战略的基本含义

总需求战略针对的问题是需求端缺乏长期增长动力，针对的环节是需求端涉及的所有环节——分配、流通、消费。在新发展格局下提出的总需求战略要求构建总需求增长的长效机制，着重从分配和消费两环节构建长期有效需求，扩大具备消费能力的群体的规模，提高中等收入群体的消费能力，保障中低收入群体的消费基础，结合供给侧结构性改革调整现在的失衡结构。在性质上总需求战略是中长期战略，目的不在于短期的经济刺激或需求刺激，而在于中长期的长远发展。

二、总需求战略的实施方向

（一）分配方面

扩大消费是形成强大的国内市场的重要途径，形成强大的国内市场又是新发展格局的重要支撑，围绕新发展格局开展的制度和政策改革要突出强调现阶段提升需求对供给的牵引作用，在经济政策上重点在于提高消费需求的最终拉动作用。为实现扩大消费的目的，需要在分配方面采取切实措施。习近平总书记 2021 年 8 月 17 日在中央财经委员会第十次会议上指出，"要坚持以人民为中心的发展思想，在高质量发展中促进共同富裕，正确处理效率和公平的关系，构建初次分配、再分配、三次分配协调配套的基础性制度安排，加大税收、社保、转移支付等调节力度并提高精准性，扩大中等收入群体比重，增加低收入群体收入，合理调节高收入，取缔非法收入，形成中间大、两头小的橄榄型分配结构"。

1. 提高居民收入在国民收入分配中的占比

改革和完善初次收入分配制度，建立现代分配体系。在初次分配中，需要改善职工工资性收入、企业利润、政府税收三者之间的比例关系，改变工资性收入占比过低的格局。初次收入分配至关重要。我国需要警惕部分发达国家所存在的收入两极化的现象，在发展经济、进行供给侧结构性改革的同时，注意调节要素供给与收入分配整体结构，保证初次收入分配合理。资本深化虽然有利于劳动收入份额的提高，但同时也会导致技术的资本偏向型进步，导致劳动收入份额下降。我国需要彻底改变过去的发展导向型投资和经济模式，推动劳动偏向型技术进步，在促进产业升级的同时能够稳定收入分配格局。

2. 健全工资合理增长机制，着力提高低收入群体收入

李克强总理在十三届全国人大三次会议记者会上表示，我国依然"有6亿中低收入及以下人群，他们平均每个月的收入也就1 000元左右"。低收入群体的收入保障不仅是建设社会公平正义的重要部分，更是刺激消费潜力释放的长期目标。一方面，要促进公共服务均等化，保障低收入群体的生活水平和子女受教育水平；另一方面，更要健全工资合理增长机制，尤其是在疫情长期影响下要关注低收入群体的就业情况，保证低收入群体有较为稳定的收入来源，同时着力提高低收入群体的收入。

3. 完善按要素分配的体制机制

如前文所述，目前我国高收入群体和中低收入群体的收入水平有着较大差距，按要素分配的体制机制仍需进一步完善。要缩小高收入群体收入过高带来的收入差距，需要进一步完善税收制度，尤其是要关注资本要素收入和劳动要素收入之间的结构性问题。现在需要以降低资本要素收入占比为目标，加强对资本性所得的监督和管理，积极推进房地产税的立法和改革，坚决取缔非法收入。

4. 加强建设三次分配制度

2021 年 8 月 17 日召开的中央财经委员会第十次会议着重研究了促进共同富裕问题，习近平总书记强调，"共同富裕是社会主义的本质要求，是中国式现代化的重要特征，要坚持以人民为中心的发展思想，在高质量发展中促进共同富裕"。要"构建初次分配、再分配、三次分配协调配套的基础性制度安排，加大税收、社保、转移支付等调节力度并提高精准性"。三次分配有别于前两者，主要由高收入人群在自愿基础上，以募集、捐赠和资助等慈善公益方式对社会资源和社会财富进行分配，是对初次分配和再分配的有益补充，有利于缩小社会差距，实现更合理的收入分配。随着社会发展进入不同阶段，三次分配的占比会有所变化，但是它依然在很大程度上是对初次分配、再分配的补充。三次分配能够在初次分配和再分配的基础上，以高收入群体自愿的方式，将部分高收入群体的收入用于中低收入群体，有助于缩小贫富差距，扩大中等收入群体规模，保护低收入群体的收入上升通道。

2018 年我国社会捐赠总量为 1 270 亿元，较 2017 年减少 256 亿元，我国的三次分配即慈善捐赠等仍需要大力发展推进（见图 5-11）。

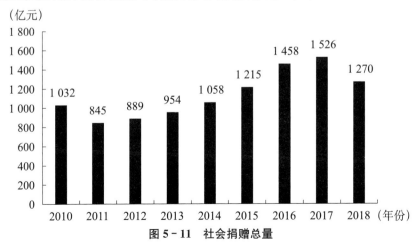

图 5-11 社会捐赠总量

资料来源：杨团. 中国慈善发展报告（2020）. 北京：社会科学文献出版社，2020.

2011—2018 年间,社会捐赠总量中,企业捐赠占比先升后降,而个人捐赠占比先降后升,2017 年和 2018 年均以 2 个百分点左右的速度上升(见图 5 - 12)。

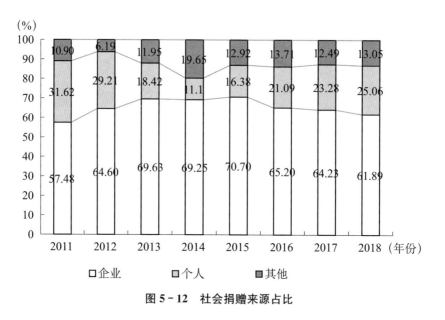

图 5 - 12 社会捐赠来源占比

资料来源:杨团.中国慈善发展报告(2020).北京:社会科学文献出版社,2020.

在总量方面仍需增强的同时,我国慈善组织资产管理存在不主动、保守、管理收益低等问题。在各类慈善组织中,基金会信息披露相对最为全面透明。根据基金会披露的信息,2/3 的基金会只存款不投资,基金会行业平均投资收益率不到 2%[①]。以基金会为代表的慈善组织是三次分配的重要载体,目前亟须完善慈善事业生态、加强宣传共同富裕思想、提高慈善事业声誉信誉、完善慈善组织管理体系、提高慈善事业资产管理效果等。为扎实推进三次分配从而实现共同富裕,要在以上方面发力,实现三次分

---

① 杨团.中国慈善发展报告(2020).北京:社会科学文献出版社,2020.

配作用的扩大，从分配体制上推进扩大中等收入群体规模及其需求。

（二）消费方面

1. 完善社会保障制度

我国的社会保障制度仍需完善。一方面，我国目前正在推行的三孩生育政策必须完善生育、养育、教育等政策配套。从教育、医疗、托幼、住房、减税、养老、文化环境等角度完善配套措施有助于缓解生育顾虑、提高生育意愿，从而促进人口与经济社会可持续发展。同时，要大力推进基本养老保险全国统筹，提高城乡医疗保险的全面性并加大保障力度，以解决居民消费的后顾之忧。

另一方面，社会失业人员要有基本的失业保障。中国未来需要大力发展失业保险，这是社会稳定的基础。目前城镇调查失业率还并不是很高，具有失业保险的人群以城市人口为主，但是接近 3 亿的农民工没有这方面的保障，所以未来中国失业保障体系的普及和完善还有很长的路要走[①]。

只有充分完善社会保障制度，才能稳定居民的收入预期和未来消费预期。通过对群体未来消费预期、收入预期的调整从而促进消费的提升是一项系统工程，需要长期坚持。

2. 提升产品、服务的质量

我国未来要在关键、重要领域实现独立自主，不依赖或少依赖进口，提高国内企业的创新能力和高新技术水平，根本上要摒弃只看速度不看质量的错误且过时的发展理念，给各行业、产业、企业技术投入和创新提升

---

① 刘元春. 提升消费，需要系统筹划.（2021-03-16）[2021-11-21]. https://www.ccdi. gov.cn/yaowen/202108/t20210820＿248673.html.

的时间和机会。政府在支持政策和金融机制上要引导投资支持创新和提升，避免其一味追求投机和短期收益的投资。目前国内产品和服务不能完全满足质量需求，这种供需结构的失衡主要源于资源配置效率低下，资源被大量配置到那些市场无法消化的生产部门之中，形成了无效的供给和过剩产能，而那些市场需求仍未能得到满足的生产部门却获取不到足够的生产资源，形成供给的短缺。资源配置无效率归根到底是由于体制机制不完善，供给侧结构性改革就是要破除体制机制的不畅，对无效供给的过剩产能予以破除，释放出更多资源用于创造有效供给，从而实现供给和需求的有效对接。

3. 促进城乡一体化协调建设发展，提高乡村需求能力

要充分释放内需中的消费需求，乡村是工作重点，目前我国乡村现代化程度仍有很大的提高空间。党的十九大报告提出了乡村振兴战略。乡村振兴包括产业振兴、人才振兴、文化振兴、生态振兴和组织振兴"五个振兴"。城乡融合发展，就是要改变乡村的发展只是农业的发展、乡村的功能只是提供农产品的传统观念，树立"城乡等值""共存共荣""共建共享"的新理念。实施乡村振兴战略，走城乡融合发展之路，实现乡村"五个振兴"奋斗目标，是中国特色社会主义建设进入新时代的客观要求。城乡融合发展具体体现为促进城乡一体化协调建设发展。在大力推进农业现代化的背景下，乡村已经不仅是农业发展的天地，更是现代化建设的重点。只有完成好乡村现代化建设，振兴乡村产业，提高农民收入的多元性和稳定性，降低农民收入对农耕的单一依赖，才能真正提高乡村需求能力。

4. 坚持"房住不炒"原则，避免高房价高债务对消费基础的"侵占"

住房商品化改革以来，按照单一的市场规律来解决 10 多亿人的住房问题，导致了土地泡沫、房地产泡沫，使居民的可支配资金大量被房地产消耗掉。这些年居民的债务率上升很快，已经突破了 50%，接近60%，如果按照可支配收入和债务进行对比，则已经超过了美国的水平[①]。为避免高房价高债务对消费基础的"侵占"，我国需要坚持"房住不炒"的原则。

2021 年 7 月召开的中央政治局会议指出，"要坚持房子是用来住的、不是用来炒的定位，稳地价、稳房价、稳预期，促进房地产市场平稳健康发展。加快发展租赁住房，落实用地、税收等支持政策"。不把房地产作为短期刺激经济的手段，坚定不移地全面落实房地产长效机制。

第三节
总需求战略和新发展格局的关系

一、总需求战略是新发展格局的战略基点

总需求战略是新发展格局的战略基点。《中华人民共和国国民经济和

---

① 刘元春. 提升消费，需要系统筹划. (2021-03-16) [2021-11-21]. https://www.ccdi. gov.cn/yaowen/202108/t20210820_248673.html.

社会发展第十四个五年规划和 2035 年远景目标纲要》提出，"坚持扩大内需这个战略基点，加快培育完整内需体系，把实施扩大内需战略同深化供给侧结构性改革有机结合起来，以创新驱动、高质量供给引领和创造新需求，加快构建以国内大循环为主体、国内国际双循环相互促进的新发展格局"。畅通国内大循环要"依托强大国内市场，贯通生产、分配、流通、消费各环节，形成需求牵引供给、供给创造需求的更高水平动态平衡，促进国民经济良性循环。提升供给体系适配性，促进资源要素顺畅流动，强化流通体系支撑作用，完善促进国内大循环的政策体系"。促进国内国际双循环要"立足国内大循环，协同推进强大国内市场和贸易强国建设，形成全球资源要素强大引力场，促进内需和外需、进口和出口、引进外资和对外投资协调发展，加快培育参与国际合作和竞争新优势。推动进出口协同发展，提高国际双向投资水平"。加快培育完整内需体系要"深入实施扩大内需战略，增强消费对经济发展的基础性作用和投资对优化供给结构的关键性作用，建设消费和投资需求旺盛的强大国内市场。全面促进消费，拓展投资空间"。

新发展格局之所以要以扩大内需的总需求战略为战略基点，是因为如下两个原因。一方面，是为了适应目前我国面临的国内外经济环境的客观变化。目前我国国内经济循环面临着内需不足、产能过剩的新常态，过去依靠投资拉动和低廉成本形成竞争优势的发展模式难以为继。同时国际经济环境不稳定性自 2008 年国际金融危机以来持续上升，发达经济体出现长期停滞等经济衰退现象，尤其是在 2020 年新冠肺炎疫情冲击下，经济全球化出现逆行的趋势，各行业产业链出现逆全球化趋势，过去依靠外贸带动经济发展的发展模式不再可行。国内国外经济形势环境的变化使得过去那种利用低廉的人力成本进行加工贸易出口同时进口高资本高技术产品提高国内制造能力的旧模式旧格局不再适合我国未来的经济发展需求，需要调整为以扩大内需为基点，采用总需求战略扩大内需。

另一方面，经过改革开放以来多年的发展，我国已经具备相应的以内需为主要拉动力的客观条件。改革开放以来，我国经济经过几十年高速增长，无论是投资规模还是消费规模都已发生显著变化，已经成为工业制造业产值规模最大、社会消费品零售总额最大的单一国内市场经济体。同时，我国尽管经济迅速增长，但仍是世界上最大的发展中国家，仍处在新型工业化、农业现代化、信息化和城镇化加速发展的成长期，投资需求和消费需求仍处于持续强劲扩张期。这些条件使得我们能够以扩大内需为战略基点。

二、通过总需求战略实现需求升级是国内大循环整体升级的前提

构建新发展格局必须扭住扩大内需这个战略基点。内需是我国经济发展的基本动力。扭住扩大内需这个战略基点，就要把满足国内需求作为发展的出发点和落脚点，使生产、分配、流通、消费更多依托国内市场，提升供给体系对国内需求的适配性，形成需求牵引供给、供给创造需求的更高水平动态平衡；适应我国消费结构升级进程加快的趋势，既稳步提高居民收入水平、打通阻碍释放消费潜力的痛点和堵点，又积极扩大优质商品进口，满足不同类型人群的消费需求；用好积极财政政策，扩大有效投

资，加快新型基础设施建设，深入推进重大区域发展战略，加快国家重大战略项目实施步伐，促进技术进步和战略性新兴产业发展。在新发展格局中，供求平衡关系不仅体现为静态视角下供求的总量平衡，而且体现为适配性上的高水平动态平衡①。

三、总需求战略有助于实现良性的国内大循环

自 20 世纪 80 年代以来，我国成功抓住新一轮全球化的浪潮，制定了"依赖国际大循环开启国内市场化改革，构建内部市场化大循环"的外向型发展战略，取得了经济持续 40 余年高速增长的奇迹。但是随着全球金融危机的爆发和全球化进程的变异，这种外向型发展战略所依赖的世界经济发展模式、总体结构、治理体系和运行规律都发生了剧烈变化。依赖国际大循环的出口导向发展战略难以适应新格局、新模式和新使命的要求，开始暴露出种种弊端。一是全球化红利的递减和分配模式的巨变导致全球化发展的动能大幅度减弱，我国经济外需出现严重萎缩，要求我国必须将经济发展的动能从"出口—投资"驱动模式转向"内需—创新"驱动模式。二是大国冲突带来的技术"卡脖子"问题，要求我国技术发展必须从"引进—移植—模仿—消化"向基础研发和集成性的自主创新模式转变。三是"两头在外"的贸易模式使我国难以摆脱全球价值链的约束，存在陷入"比较优势的低水平陷阱"之中的危险。构建新的国际合作模式和国际竞争力要求我国必须全面强化国内分工体系升级，形成"以内促外"的新格局。四是内部经济循环的不畅通、分割化和碎片化难以支撑国际竞争力

---

① 刘元春．深入理解新发展格局的科学内涵．理论导报，2020（10）：61-62.

的全面快速提升，进一步开放需要内循环的全力支持。对于国内经济循环所面临的断点、堵点，我们必须要有一个系统性的方案，特别是在资本形成效率提高、收入分配体系改革以及社会公共服务建设等方面，让其真正释放第二轮的改革红利。五是简单开放战略不仅难以提供我国高质量发展的动力，反而成为我国经济循环的动荡源①。

我国拥有超大规模的市场需求潜能，随着国际经济形势变化、保护主义抬头、逆全球化趋势加剧、新冠肺炎疫情冲击导致全球经济衰退，要做好应对国际市场萎缩的防范工作，其战略基点便是扩大国内市场需求。这与新发展格局作为一种风险防范格局是内在一致的。

构建以扩大内需为战略基点的国民经济循环。实现以国内大循环为主体，重点在于扩大内需，以扩大内需创造市场条件，形成战略基点。我国具有扩大和释放内需的基础。从投资需求来说，我国仍处于新型工业化、信息化、城镇化、农业现代化的加速发展时期，因而无论是基础设施建设、固定资产投资，还是生态环境投资及教育、健康等人力资本投资都有巨大的需求增长潜力，关键在于形成有效的投融资机制，使市场在资源配置中起决定性作用与更好发挥政府作用统一起来。从消费需求来说，我国拥有 14 亿多人口、规模达 4 亿多人的中等收入群体，人均可支配收入多年来以高于 GDP 的增速在提升，拥有规模庞大的国内消费品零售市场，并且消费需求的进一步扩张仍具有很大潜力。关键要改善国民收入宏观分配格局，提高政府、企业、住户等不同部门之间国民收入分配结构的合理

---

① 刘元春．中国经济再出发：理解双循环战略的核心命题．金融市场研究，2020（9）：27－33.

性，保证持续提高人均可支配收入水平，在此基础上切实缩小收入差距，扩大中等收入群体规模；要提高社会保障水平，完善社会保障体系，稳定人们的消费预期；要抑制房地产泡沫导致过高房价对居民消费的挤出效应；降低过高的子女教育成本和养老成本；等等。在扩大内需的基础上，实现生产、分配、流通、消费等国民经济各环节之间的畅通循环、相互促进①。

---

① 刘伟. 以新发展格局重塑我国经济新优势. 经济日报，2020 - 09 - 24.

第六章

以全球规则和公共品供给为突破口
加快构建新开放格局

当代全球规则仍然是发达国家主导的，发达国家凭借经济、科技以及军事方面的优势，牢牢把握着全球规则的制定权和解释权。原有的规则在极力维护发达国家利益的同时，也在客观上推动了经济全球化，为全球治理和全球公共品的供给提供了依据。但是在 2008 年金融危机之后，新兴经济体在全球政治经济格局中的地位逐渐上升，要求变革全球治理体系和改革全球规则的呼声日益高涨。新兴国家和发展中国家的崛起动摇了发达国家的垄断地位，全球治理的多元化趋势增强，但是发展中国家在全球规则制定方面的话语权没有根本性提升，发达国家为了维护自身利益阻挠改革历程，主要体现为多哈回合谈判停滞，特朗普政府大搞单边主义，反全球化思潮蔓延，新冠肺炎在全球的流行造成的发达国家"疫苗民族主义"扰乱全球防疫大局、影响全球公共品的供给……种种迹象表明，当今世界的规则体系、治理方式以及全球公共品的供给亟待变革。因此，我们不仅仅要强调对外开放的效率、规模、速度，还要强调开放的安全，要有新的安全观。这个安全观要求我们在外贸的结构和产业布局上要有新的举措①。

主流理论认为公共品具有非竞争性和非排他性，放到全球尺度分析，则是发达国家负责供给公共品，其他国家负责消费。但是这一观点也受到了现实的挑战，英国经济政策研究中心（CEPR）报告显示，金融危机前后发达国家采取的贸易保护主义行为明显多于新兴国家。2009 年美国实施贸易保护措施 120 次，到 2013 年就猛增至 741 次，而 2016 年更激增至 1 066 次，成为实行贸易保护主义最频繁的大国。但是中国大力推进"一带一路"倡议、投资建设亚投行、举办进口博览会、积极参与区域贸易协

---

① 刘元春．"十四五"时期需重点突破的中长期挑战及建议．证券时报，2020 - 12 - 05.

定的谈判，为全球公共品供给做出了重大贡献。党的十九大报告进一步提出"中国将继续发挥负责任大国作用，积极参与全球治理体系改革和建设，不断贡献中国智慧和力量"，表达了中国深度参与全球规则制定和全球公共品供给的意愿、责任和决心。

中国的发展受惠于经济全球化，随着经济的崛起和综合国力的提升，中国作为一个新兴大国也有必要、有能力、有责任参与全球规则的制定和全球公共品的供给。为了加快构建新开放格局，搭建良好的双循环内部环境和外部环境，我国需要从两个方面入手：对内要修炼"内功"，立足国内经济构建新开放发展战略，包括贸易发展战略和金融开放战略；对外要广泛参与全球治理，推进国际规则改革，参与全球公共品的供给。

‖ 第一节 ‖
立足国内经济构建新开放战略

中国的发展离不开世界，世界的发展离不开中国，良好的国际经济环境和经济全球化的浪潮是改革开放后推动我国经济增长的重要条件。但是随着全球化进程的变异和全球金融危机的爆发，外向型发展战略所依赖的世界经济发展模式、总体结构、治理体系和运行规律都发生了剧烈变化，依赖国际大循环的出口导向发展战略难以适应新格局、新模式和新使命的要求，开始暴露出种种弊端。主要体现为全球化红利的递减和分配模式的巨变导致全球化发展的动能大幅度减弱，大国冲突带来的技术"卡脖子"问题、"两头在外"的贸易模式使中国难以摆脱全球价值链的约束，内部经济循环的不畅通、分割化和碎片化难以支撑国际竞争力的全面快速提升，简单开放战略反而成为中国经济循环的动荡源①。我国在国际大循环中面临更多的风险和困难，迫切需要构建重塑国际合作和竞争新优势的新格局。

在经济全球化的大背景下，国际大循环必然与各国经济循环相对接，各国经济也需要在开放中利用国内国际两个市场、两种资源才能实现更好的发展。新发展格局以国内大循环为主体，并不意味着不重视对外开放，也不意味着要挤压或放弃国际大循环，而是要在更高水平融入国际经济循环体系的同时，从我国国情出发，遵循大国经济发展规律，以畅通国民经济循环为主构建新发展格局，以国内分工和技术创新的发展推动国际分工和国际技术创新的发展②。我国产业链和需求市场已经深度融入全球经济体系，目前是120多个国家和地区的最大贸易伙伴。在新时代进入新发展阶段，我国在世界经济中的地位将持续上升，同世界经济的联系会更加紧密。为了构建新开放战略，要从贸易和金融两大方面入手。

一、立足国内大循环的贸易发展战略

（一）落实自由贸易区战略，打造以中国为"轮轴国"的自由贸易区体系

奉行开放的区域合作政策，坚持进出口并重，通过自由贸易区推动实

---

① 刘元春. 正确认识和把握双循环新发展格局. 学习时报，2020-09-09.
② 刘元春. 深入理解新发展格局的丰富内涵. 山东经济战略研究，2020，（10）：30-33.

现与自由贸易伙伴双向市场准入，合理设计原产地规则，促进对自由贸易伙伴贸易的发展，推动构建更高效的全球和区域价值链；加快自由贸易区投资领域谈判，有序推进以准入前国民待遇加负面清单模式开展谈判。在维护好我国作为投资东道国利益和监管权的前提下，为我国投资者"走出去"营造更好的市场准入和投资保护条件，实质性改善我国与自由贸易伙伴双向投资准入，利用签署的《区域全面经济伙伴关系协定》推动我国企业走向亚太，优化对外贸易和投资的布局。以"一带一路"相关国家为重点，使自由贸易区建设更好地服务西部地区经济社会建设，促进我国区域协调发展。以推动形成亚太市场和亚欧大市场为关键目标，构建东西互济、海陆统筹、覆盖周边、辐射全球的自由贸易区布局，使我国成为全球区域贸易协定中的"轮轴国"。

加强已生效自由贸易协定的实施工作，优化政府公共服务，全面、及时提供有关自由贸易伙伴的贸易、投资及其他相关领域法律法规和政策信息等咨询服务；增加自由贸易区谈判人员配备，加大对外谈判人员教育培训投入，加强经济外交人才培养工作，逐步建立一支政治素质好、全局意识强、熟悉国内产业、精通国际经贸规则、外语水平高、谈判能力出色的自由贸易区建设领导、管理和谈判人才队伍。

（二）对接国际先进经验，建立高质量高标准自由贸易港

高度重视自由贸易港的建设，构建发达的海陆空交通网络，继续扩大港口规模，提升港口承载能力，实现各要素顺畅流动；强化自由贸易港物流枢纽功能，建设集货物运输、船舶维修、货物检测等多功能于一体的码头集群，为自由贸易港的高效运行提供保障；推动港内信息化建设，建立港口信息网、贸易信息网、码头作业信息网等信息化网络体系，使贸易更加便利化，提高自由贸易港的吸引力。

利用海南自由贸易港尽快对接粤港澳大湾区，利用上海自由贸易区尽快对接长三角一体化和长江经济带，充分、适合、精准、有效承接、吸纳、消化粤港澳大湾区和上海自由贸易区的优势引领与辐射带动作用，充分发挥香港对海南、上海对长三角地区以及长江经济带的"场效应"与"势功能"（这里的"场效应"是指经济发展过程中发达地区的引领、辐射、带动等作用，"势功能"是指经济发达地区对欠发达地区经济力的转移、下放以及欠发达地区的承接、吸纳、消化、提升等方面的现象与行为），推动自由贸易港和区域协调发展有效衔接，缩小区域发展差距。

实行高水平贸易和投资自由便利化的创新政策，在 WTO 框架下积极开拓国际市场，促进对外贸易多元化，特别是推进区域和双边自贸园区建设，打造双循环的海外枢纽。引入"互联网＋"的数据共享功能，优化行政审批流程，简化审批材料，减少审批环节，形成更加高效便捷的监管模式。扩大自由贸易账户的范围和功能，为拓展海外业务、贸易结算、跨境投资融资提供便利。

做好产业规划布局。根据各自由贸易港的实际情况，重点发展特色主导产业，以自由贸易区产业集群和产业服务链为基础，形成集贸易物流业、高新技术产业、生产性服务业、高端服务业于一体的产业结构；设计打造中国自由贸易港新型综合价值链拓展平台，推动自由贸易港产业链与"一带一路"沿线国家对接，打造国际合作新平台，为全球经济增长提供持续不断的原动力；采取较为自由的人员出入境政策，为双循环新发展格局下自由贸易试验区的发展提供国际人才支撑；优化事中事后监管，以双循环新发展格局下消除国内地区间行政壁垒、减少市场间障碍等措施为引领实现管理体制创新。

（三）提高产业链现代化水平，克服价值链低端锁定

加快发展先进制造业，推动互联网、大数据、人工智能和实体经济深度融合，在中高端消费、创新引领、绿色低碳、共享经济、现代供应链、人力资本服务等领域培育新增长点、形成新动能。支持传统产业优化升级，加快发展现代服务业，瞄准国际标准提高水平。促进我国产业迈向全球价值链中高端，培育若干世界级先进制造业集群。

发挥新型举国体制优势，突破"卡脖子"技术。要充分发挥社会主义集中力量办大事的制度优势，构建社会主义市场经济条件下关键核心技术攻关新型举国体制，调动各领域资源协同攻关，打破关键核心技术瓶颈，突破产业链、创新链、价值链之间的环环相扣式低端锁定，围绕产业链部署创新链，将科技创新和产业优化升级统筹联动，以链式融合创新提升产品竞争力和创新话语权。

实现价值链在空间结构上的合理配置，在全球的供应链、销售链上形成新格局、新思路、新风险管控方式①。利用国内市场建立多层次价值链体系，打破市场分割，延伸和扩展价值链环节，构建基于国内市场的国家价值链，在粤港澳大湾区、长三角、京津冀等地域立足资源禀赋、聚焦主导产业、壮大特色优势，打造一批空间上高度集聚、上下游紧密协同、供应链集约的区域性产业链集群，形成既水平分工又垂直整合的分工模式；对外加强区域合作，通过价值链引进国外的资源和产品。利用

---

① 刘元春.要解决双循环战略的"短板"问题 行业要有"备胎"方案.上海企业，2020（9）：72-73.

《区域全面经济伙伴关系协定》和中日韩自贸区谈判契机，加强构建东亚区域价值链和环渤海经济圈，带动其他发展中国家协同发展，采用抱团加入的方式提升中国以及发展中国家整体的国际竞争力，进一步破解低端锁定。

发展壮大龙头企业，打造行业的"链主"。鼓励优秀企业延伸产业链、开拓新市场，成为行业中的旗舰，提升国际竞争力；注意营销、品牌、管理经验的培养，争取实现企业的功能升级；支持优势企业海外并购，有效整合全球资源，协同国内价值链与全球价值链；增强价值链的主导性和控制性，寻求成本更低的要素组合进行生产，降低成本增加产品的附加值；延长在全球价值链的持续时间，降低退出全球价值链的风险率，巩固和提升我国产业在全球价值链分工体系中的地位；嵌入数字化全球价值链，提升传统行业数字化水平，深化"补链""强链"；加快推进 5G 等新型基础设施建设，积极拓展线上线下新应用。

（四）优化营商环境，创造优质投资环境

市场监管部门要把营造一流营商环境作为第一要务，克服"市场经济就是自由经济，政府不必干预"的错误认识，着力推进营商环境法治化进程。及时总结经验和做法，将实践证明行之有效、反响良好的改革举措用法规制度固化下来，提升系统化、规范化水平，确保营商环境改革政策和制度创新持续发挥效应；依照法定权限和程序，加快制定或修改、废止有关法律法规及行政规范性文件；讲求与落实契约原则与诚信精神，保持政策的稳定性、连贯性，不要在短期内频繁地改变政策，为各类市场主体投资兴业营造稳定、公平、透明、可预期的良好环境。

逐步拆除地方自行设置的壁垒，在全国范围内使用一张清单，坚持

"非禁即入"，进一步减少各行业的准入限制，取消地方违规设置的市场准入许可、隐性准入壁垒，在许可审批、市场准入、企业运行等方面为民营企业提供更多便利；着重构建各级政府之间的联动机制，继续扩大地方自主改革事权，建立强有力的跨部门、上下联动的多维协调机制，集中、高效处理政策落地过程中市场主体反馈的突出问题，做好制度衔接，及时解决改革过程中的制度保障问题，强化改革举措系统集成；建立容错机制，探索包容创新的监管模式，建立市场主体、地方政府、协会组织、监管机构对新兴领域的高效沟通反馈机制，发挥多元力量，构建相应的风险管理机制，优化创新创业服务，鼓励行业协会针对改革与开放中行业发展的新问题，探索行业新标准、规范行业行为，与国际组织建立良性互动关系，共同构建有利于行业创新发展、国际化发展的营商环境。

对标国际最高标准，对接国际先进贸易规则，解决营商环境中的突出短板，充分创造务实高效的政务环境，努力营造亲商安商的市场环境，打造国际一流营商环境。深入研究营商环境先进的经济体的政策实施路径及实施背景，并结合我国社会制度及经济、市场发展水平，有选择、有针对性地进行试点试验；完善外资监管体制机制，引入第三方信用评估机构对于外资质量进行评估，对外资使用情况全过程监控，在监管系统内建立外资企业设立信息、征信等级、惩戒处罚等数据库和信息共享平台。

（五）创新经贸合作方式，优化国际市场布局

发展特色边贸。探索国家层面双边协调机制建设，将沿边地区打造成符合新发展格局需要的"政策高地""合作高地"，适当下放外交权限，加快完善符合沿边地区经贸特点的争端处理机制和特殊情况处置机制，由沿边地区双方政府在规范机制下协商解决争议；探索建立沿边地区各级地方政府定期会晤机制，活跃地方外事氛围；加强企业和人才交流，提升我国沿边地区次区域、区域合作层次的丰富度和整体活力，推动我国沿边地区实现产业技术转型、走可持续发展和扩大开放新路；配合国家"一带一路"倡议，为落实国家战略规划夯实民间贸易基础。

实施积极进口战略，扩大国外高质量高水平产品的进口，大力发展服务贸易、数字贸易、保税业务、跨境电子商务等新业态，满足国内高质量经济发展和人民美好生活的需要。提升进口贸易在国民经济和社会发展中的地位与作用，继续办好中国国家进口博览会，持续推进贸易综合平衡，补齐货物贸易进口的短板和服务贸易出口的短板①。持续扩大出口水平，鼓励出口高附加值的产品，通过全球生产网络布局，更深入地将产品与发达国家的前沿市场需求有效对接，以发达国家市场需求为牵引，努力提升我国供给体系的质量。

高度重视服务贸易，积极发展数字贸易。广泛应用移动互联技术，拓宽线上服务贸易边界。利用好跨境电商平台，发展大数据营销、电子支付、网络广告等数字服务贸易。提前对国内生产性服务进口替代进行布局，在大数据分析、计算机和信息服务、专业服务、品牌推广、研发设计等领域加大对国内生产制造类企业的投入，提升中国制造业中的生产性服务国内增加值②。将数字贸易的内涵拓展到数据流相关的跨境商品流动和相应基础设施建设，主动积极建立数字贸易相关的基础设施建设规则，特别是对滥用国家安全概念限制企业参与建设基础设施的行为予以严格约束。

---

① 陆江源，杨荣．"双循环"新发展格局下如何推进国际循环？．经济体制改革，2021（2）：13-20.

② 蔡宏波，姚正远．疫情下如何推动服务贸易高质量发展．国家治理，2021（Z2）：42-47.

　　整合优化现代供应链和全球价值链。实现对外投资与国内产业结构调整更加紧密地结合，有序推进钢铁、建材、工程机械、铁路、通信、电网等重点领域的国际产能合作，鼓励企业进行链条式和集群式投资，逐步形成本土跨国公司主导、境内外企业分工合理、高效运作的现代供应链，打造面向全球的贸易、投融资、生产和服务网络。应加快构建对外投资高质量发展的指标体系、政策体系、统计体系和绩效评价体系，创新对外投资方式，打造中国投资的品牌和形象。打造对外投资联合体，在产业园区、工程承包等领域，支持投资商、设计商、建设商、装备商、服务商组建联合体，实现优势互补、利益共享、风险共担。指导行业组织与境外中资企业商（协）会组建重点行业投资联盟。促进金融资本与产业资本联合"走出去"，强化银企合作机制。

（六）建设现代物流体系，妥善处理涉外争端

　　以信息化、标准化、集约化、数字化、国际化、品牌化为导向，构建现代流通运行体系。加大对现代物流体系等流通基础设施的政策性扶持力度，加大流通基础设施数字化、智能化改造力度，整合资源构建多层次的现代流通基础设施公共信息服务平台。强化农产品流通基础设施建设，把农产品流通基础设施投资纳入公共投资的范畴，加强农企对接和农超对接，提升农产品流通的现代化、数字化水平。通过改进建设投入机制、完善政策机制、提高财政资金支持力度、规范推进形成公私伙伴关系、加强区域规划与协作等优化公益性流通基础设施。拓展现代供应链技术的应用范围，提升供应链管理技术水平，以创新推动供应链数字化、绿色化转型发展。

　　加强政策协商，根据不同国家的特点制定策略，因地制宜，精准施策。对于美国，既要对美国政府所发起的贸易、科技、金融等领域的争端予以坚决回击，并在国际舆论上充分论证这些争端的逆全球化本质，也要认识到美国在《美韩自由贸易协定》《美墨加三国协定》等自贸协定中所参与制定的一系列规则虽有维护美国国家利益的成分，但也在一定程度上代表了发达国家乃至部分发展中国家的共同立场，和全球化深入发展的大方向基本一致，因而在协商中应突出原则性共识，具体规则多考虑双方核心诉求。对于其他经济体，建议除与现行基本经济制度、政治制度以及重大法律法规有明显冲突的国有企业、数字贸易等领域的少数章节之外，应加快设立规则对接路线图和时间表，而对于一些确实存在冲突的章节，应寻求灵活的方式实现相容，如必须坚守的核心原则可以列入例外条款，构建兼顾双方原则性诉求的新规则体系。在守住不发生系统性金融风险的底线基础上，可以利用传统中心国家不断主动"脱钩"的时机，适时扩大自己在国际体系中的话语权，利用贸易和投资往来增强自己在发展中国家的影响，积极参与到新经济结构与秩序的建设中去①。对于广大发展中国家，既要推动这些国家减少各类"边境"壁垒，也要联合这些国家在战略规划、跨境基础设施建设、高水平产业园区建设等方面共同提出具有一定普适性的标准。

二、立足国内大循环的金融开放战略

（一）构建现代金融体系，积极防范金融风险

坚持金融服务于实体经济，支持经济发展重点领域和薄弱环节。拓宽

---

① 刘元春，刘晓光，邹静娴 . 世界经济结构与秩序进入裂变期的中国战略选择 . 经济理论与经济管理，2020（1）：10 - 20.

企业的融资渠道，由具有不同风险偏好和成本结构的金融主体来满足企业的不同融资需求。这就需要在宏观审慎政策框架和金融控股公司监管规则的基础上，理顺商业银行与非银行金融机构之间的同业交易规则，加大商业银行对其他金融主体的融资供给，使各类金融主体形成合力，将银行间市场的资金有效引导至实体经济，降低企业融资成本，助力产业结构调整。

强化货币投放、信贷投放、社会融资投放之间的协调性，提升货币政策与金融监管之间的统一性。要坚持防范化解金融风险，用经济发展的增量消解风险，用规范的方式应对风险，在市场化、法治化的基础上有序处置风险，守住不发生系统性风险的底线。推进货币政策、宏观审慎监管、微观审慎监管等方面在机制上的一体化，抑制内部金融风险的膨胀，避免资金继续流向高风险部门，维持偏紧的跨境资本流动宏观审慎监管，避免资金大规模外流。

鼓励金融工具创新和金融政策创新。除采取常规货币政策工具组合外（如利用公开市场借贷便利等手段调控利率等），还需要将一些非常规货币政策逐渐转化为中央银行资产负债表各项目的内容与组合。进一步利用常备借贷便利、中期借贷便利、短期流动性调节工具、临时流动性便利等丰富的新工具进行资产结构和规模的调整，以提高金融市场的容量和灵活性，使不同的货币政策工具对不同的金融市场更具针对性，在提高证券市场、债券市场等不同市场效率的同时，降低其风险，从而便利企业融资和推动金融业本身的结构调整。

发展普惠金融。继续采取"试点—总结—推广"的思路，积极推进央行数字货币的基础建设，探索关键性技术和风险防控手段。加大央行数字货币在传统金融服务欠发达地区的宣传力度，畅通移动客户端和网络通信中数字货币的嵌入，为充分发挥央行数字货币提高金融覆盖面和便利性等作用做准备。

（二）稳步推进金融开放，推动数字经济和金融融合共生

进一步推动跨境货物贸易、服务贸易和新型国际贸易结算便利化。大力吸引符合条件的金融机构"走进来"，逐步放宽外资金融机构准入条件，促进境内外市场互联互通，促进国内外金融资本实现融通联动发展，为实施双循环战略奠定基础。推动本土金融科技标准国际化，鼓励国内金融机构"走出去"，在国外开设分支机构，完善机构和服务网络布局，参与国际金融市场交易，服务中国外贸业务。建设人民币安全资产体系，在我国香港、海南自贸港等地试点开放人民币计价的资产业务。要充分发挥亚投行、丝绸之路黄金基金、上海合作组织开发银行、金砖国家新开发银行等多边金融机构的力量，让各成员方最大限度地运用金融杠杆，吸引全球流动资本向"一带一路"沿线国家倾斜，推动其基础设施建设，形成合理、高效的融资链。

加强金融信息服务的建设。不断制定推动行业相关法律法规，完善法律法规体系，为行业监管提供法律依据，为推动行业健康有序发展提供保障。强化金融信息服务机构主体责任和自我安全管理，继续加强行业相关许可管理，积极引导境外金融信息服务机构在中国境内更好地提供金融信息服务；加大技术投入提升系统性信息监测能力，对风险信息早发现、早预警、早处置；加强事后监督检查和考核评价管理，推动建立不良信息监督举报机制；等等。推动加强跨部门沟通和统筹协调，完善金融信息服务管理协调机制，形成分工明确、有效协作、齐抓共管的有效监管模式，避免监管盲区。强化个人金融信息保护意识，提升虚假错误信息分辨能力，避免成为传播不良信息的通道。形成部门统筹监管、服务主体自我监督和服务对象自我防范三位一体的行业管理闭环。

加大金融领域的科学技术创新，依托大数据、云计算、人工智能和区块链等新技术，提高资金配置效率、强化金融风险管理、保障金融系统安全，拓展金融市场的广度和深度，保持在互联网金融行业的领先地位。发挥人工智能、5G、互联网等新技术的乘数效应，加快传统金融部门的转型升级，提高金融行业的整体运行效率。

加强短期汇率政策与对外开放政策的协调，使得金融业的开放真正服务于促进实体经济发展、提升金融服务业的竞争力和效率，而不能使其成为金融风险的"放大器"。坚持对外开放，尤其是适时推进金融服务业的开放，同时要使汇率政策能够有助于维持金融市场稳定。这就需要在短期内维持偏紧的跨境资本流动管理，在中期稳健地推进资本账户开放。

（三）打造与新发展格局相适应的中国外汇市场体系，提升在国际金融组织中的话语权

引入风险偏好多元化的市场主体，拓展市场深度和广度。提高市场流动性，更好发挥外汇市场的资源配置、价格发现和风险规避等功能。继续推动非银行金融机构参与境内外汇市场，扩大和便利境外机构参与在岸市场。研究降低中小银行外汇衍生品业务门槛，更好地服务中小微企业的汇率避险需求。

加强市场教育。引导市场主体以平常心看待汇率涨跌，坚持低买高卖，避免追涨杀跌的顺周期"羊群效应"。引导国内企业树立风险中性意识，建立财务纪律，严格控制货币错配和汇率敞口，主动加强汇率风险管理，更好聚焦主业经营。成熟的外汇市场需要成熟的市场参与者，培育市场主体基于理性预期的理性交易行为，对于外汇市场发展至关重要。

扩大与"一带一路"沿线国家贸易和投融资活动中人民币的收付使用，推动大宗商品以人民币计价，发展人民币外汇市场[①]。同时，完善外汇管理制度，根据人民币资本项目可兑换进程，服务实体经济需要，逐步扩大外汇交易主体、丰富外汇交易产品、放松外汇交易限制，打造有深度和广度、有流动性的外汇市场，继续推动以中国外汇交易中心和上海清算所为重点的交易、清算等金融外汇基础设施建设，更好满足多样化的市场需求，使得境外政府、企业使用人民币更加便利、安全和优惠；加强国际互利合作，促进更多市场主体自由主动选择人民币，要培育一批世界领先的企业，嵌入国际供应链和产业链的核心领域和关键环节，以此扩大对外贸易中的人民币使用需求。

丰富交易品种，放松交易限制。根据适当性原则，支持金融机构创新推出市场有需求、风险可管理的外汇衍生工具品种，便利金融机构为市场主体提供外汇服务[②]。可在现有远期、掉期、期权基础上，进一步完善避险产品组合。可研究引进外汇期货交易，以及基于汇率波动性的外汇交易所交易基金（EFT）产品，增强外汇市场的流动性。要适应金融双向开放扩大、跨境资本流动增多的新趋势，坚持服务实体经济至上，拓展实需交

---

① 罗钦月，黄绥彪，刘思含．金融支持"双循环"发展思路和对策．金融经济，2021（4）：84 - 89.

② 管涛．打造与新发展格局相适应的中国外汇市场体系．清华金融评论，2021（1）：47 - 49.

易内涵，更好满足实体经济和金融交易的套期保值需求，逐步扩大外汇市场的投资交易功能，激发市场活力。

以"一带一路"沿线国家为切入点，积极参与全球金融治理。继续推进现有国际金融机构如国际货币基金组织和世界银行的改革，联合广大非话语权国开展与话语权国的对话、沟通和博弈，在金融决策机制、治理结构、贷款职能和资源分配等方面取得突破，推动提升中国在金融科技、绿色金融等金融新产品规则制定中的话语权；尝试建立统一的监管标准，便于沿线国家进行监管的有效对接，实现监管信息区域内的互联互通，逐步建立区域性的监管合作机制；打破以往依赖三大国外权威评级机构的状况，尝试发挥国家主导作用，建立以中国为主适用于"一带一路"国家的公开、公正、透明、权威并能够被沿线国家广泛接受和认可的信用评级机制，打破欧美评级机构对国际资本市场话语权的垄断，提升中国的话语权。

（四）推动人民币国际化，扩大双边结算范围

推进人民币国际化，需要深化利率市场化改革、汇率形成机制改革，稳慎推进资本账户开放，提高人民币产品创新水平，推出人民币兑沿线国家的货币对或货币篮子的交易和避险产品，增加以人民币计价的国际投资产品，推动人民币更多地进入国际资产管理领域中，提高人民币的国际市场份额。继续消除境外交易主体直接或间接参与境内外汇衍生品交易的限制，支持境外主体的汇率避险操作，继续深化汇率形成机制改革，促进中间价、在岸价和离岸价"三价合一"，进一步提升汇率政策透明度，有效管理和引导市场预期。

加强人民币国际化空间布局顶层设计，完善人民币国际化空间布局配套改革，促进产业链、价值链向中高端迈进，提升供给体系的质量、效率与稳定性，为推进人民币空间布局奠定经济基础。既要持续巩固与深化核心区、扩展区人民币国际化空间布局基础，又要促进辐射区、外围区人民币国际化布局发挥空间支点与示范作用，重点推进离岸金融市场建设、金融市场对接、金融监管合作等，实现区域经济金融一体化，形成人民币境外循环圈。

逐步在国际社会中推出央行数字货币，从"一带一路"沿线国家入手，研究人民币国际化与"一带一路"建设、金融科技基础设施输出的协同推进路径[①]，发挥我国在移动支付等领域积累的优势，支持龙头企业"走出去"，拓展数字普惠金融海外市场，实现数字货币可兑换，提高数字人民币的国际认可度，同时通过建立货币桥等方式增强我国数字货币与国际货币的互通性，维持收益与风险的平衡，为人民币国际化助力。

总之，立足国内经济构建新开放战略，从本质上看，是独立自主和对外开放两大原则在新时期的具体实践。国内循环越顺畅，越能形成全球资源要素的引力场，越有利于形成参与国际竞争和合作的新优势。适应我国社会主要矛盾发展变化带来的新特征新要求，既要持续以供给侧结构性改革为主线，疏通国内经济大循环的断点和堵点，也要把握扩大内需这个战略基点，满足人们的美好生活需要，为国内国际双循环相互促进的新发展格局寻找到持续、安全、高效、稳定的动力源和支撑面[②]。

---

① 程贵，李杰. 新发展格局下人民币国际化的空间布局研究：以"一带一路"沿线国家为例. 金融经济学研究，2021，36（2）：52-66.

② 刘元春. 以新发展格局激发新优势：加快形成新发展格局. 企业观察家，2020（12）：21.

广泛参与全球治理

2020 年中国的 GDP 规模已经接近美国 GDP 规模的 3/4。未来在社会主义现代化国家建设顺利推进的情况下，伴随着中国经济发展水平的不断提高，体量不断增大，中国的 GDP 规模将可能超越美国，成为全球第一大经济体。与之相伴随的是激烈的国际竞争和巨大的外部压力，中国或将面临改革开放以来从未遇到的复杂外部环境。如何在百年未有之大变局之中增强中国经济的韧性与发展潜力，事关社会主义现代化建设成功与否，是亟待解决的重要问题。

新发展格局是应对大变革时代各种危机和风险挑战的必然选择，是适应经济全球化在民族主义、孤立主义、保护主义、霸权主义以及新冠肺炎疫情冲击下结构性、趋势性调整的必然选择，更是底线思维在新阶段、新环境、新挑战和新机遇中的新应用。习近平总书记指出，"当今世界正经历百年未有之大变局。当前，新冠肺炎疫情全球大流行使这个大变局加速变化，保护主义、单边主义上升，世界经济低迷，全球产业链供应链因非经济因素而面临冲击，国际经济、科技、文化、安全、政治等格局都在发生深刻调整，世界进入动荡变革期。今后一个时期，我们将面对更多逆风逆水的外部环境，必须做好应对一系列新的风险挑战的准备"①。这决定了中国这样的经济大国必须坚持底线思维，将经济发展的动力和重心转向以国内经济大循环为主体，在进一步开放中重新布局开放的模式，更好地统筹发展与风险、开放与安全之间的关系②。

一、积极推进制定公平合理的国际规则

（一）推动世界贸易组织改革，适应全球政治经济格局的变化

以世贸组织为核心、以规则为基础的多边贸易体制是经济全球化和自由贸易的基石，这一多边贸易体制为推动全球贸易发展、促进经济增长和可持续发展做出了非常重要的贡献。但是世贸组织的现状难以适应"百年未有之大变局"，需要进行改革。中国作为负责任的大国，需要有更大的作为，为此，中国要建立广泛的统一战线，获得广泛的国际支持，推动世贸组织按照三个基本原则和五点主张进行必要的改革。三个基本原则分别是：首先，改革应该维护多边贸易体制的核心价值。非歧视和开放是多边贸易体制最重要的核心价值，也是世贸组织成员在多边规则框架下处理与其他成员经贸关系的一个根本的遵循。改革应加强多边贸易体制的核心价值，推动世贸组织在全球经济治理中发挥更大的作用。其次，改革应该保障发展中成员的发展利益。发展是世贸组织工作的一个核心，改革应该解决发展中成员在融入经济全球化方面的困难，赋予发展成员实现其经济发展所需的灵活性和政策空间，帮助实现联合国 2030 年可持续发展的

---

①　习近平 . 在经济社会领域专家座谈会上的讲话 . 北京：人民出版社，2020：2 - 3.
②　刘元春 . 深入理解新发展格局的丰富内涵 . 山东经济战略研究，2020（10）：30 - 33.

目标，缩小南北差距。再次，改革应该遵循协商一致的决策机制。改革关系到多边贸易体制的未来，改革的议题选择和最终结果应该通过协商一致做出决策，改革的进程应该保证广大成员特别是发展中成员的共同参与，而不要出现由少数成员说了算的情况，也不要搞"小圈子"。五点主张依次为：改革应维护多边贸易体制的主渠道地位；应优先处理危及世贸组织生存的关键问题；应解决规则的公平问题，并且回应时代的需要；应保证发展中成员的特殊与差别待遇；应尊重成员各自的发展模式。

坚决反对单边主义、保护主义，坚定维护以世贸组织为基石的多边贸易体制，除了推进世贸组织改革以外，还要进一步全面参与多哈回合各项议题谈判，积极回应投资便利化、中小微企业、电子商务等世贸组织成员普遍关注的新议题并开展相关讨论，维护争端解决机制有效运转，强调通过世贸组织争端解决机制妥善解决贸易争端，重视贸易政策审议，以开放坦诚的姿态认真接受成员的贸易政策监督，并敦促其他成员遵守多边贸易协定与世贸组织秘书处一起帮助最不发达国家融入多边贸易体制，保障发展中国家的发展权益和空间。

（二）主动承担国际责任，讲好中国故事

与联合国、二十国集团、金砖国家等多边机制共促协调合作。二十国集团要致力于畅通世界经济运行脉络，就便利人员往来和货物流通开展机制化合作，搭建全球合作网络；要在做好疫情防控的前提下，恢复全球产业链、供应链安全顺畅运转，降低关税、减少壁垒，探讨重要医疗物资贸易自由化；要加强政策、标准对接，搭建"快捷通道"，便利人员有序往来。要以构建金砖国家贸易投资大市场，实现货币金融大流通、基础设施大联通为目标，围绕经济务实合作这条主线，在贸易投资、货币金融、互

联互通、可持续发展、创新和产业合作等领域拓展利益汇聚点；加强宏观经济政策协调，推动落实"人员与货物跨境流动便利化倡议"，助力各国复工复产、恢复经济；把金砖国家新开发银行和应急储备安排这两个机制建设好、维护好、发展好，为完善全球经济治理体系、构建国际金融安全网做出有益探索。

讲好中国故事，讲出中国道理，消除国际舆论误解。对外要讲清楚中华文化的包容性和中国永不称霸的决心，讲清楚中国市场化改革的成果，积极宣传近年来中国在信息安全、知识产权保护等领域做出的努力。通过对外宣传塑造良好的国际形象，为中国参与国际经济合作和全球经济治理创造良好的国际舆论氛围；积极推动与美国新一届政府的合作，围绕疫情防控、气候变化、经济复苏和国际组织改革等议题积极互动，通过参与和引领全球经济治理变革来化解双循环产生的外部性问题，以维护和巩固和平稳定的国际环境。

积极参与国际规则制定。推动制定投资便利化规则，依托世贸组织等有关机制，推动在全球层面深入讨论投资便利化问题，围绕提升透明度、提高行政效率、加强国际合作等要素开展有效政策协调，推动建立投资便利化多边框架；增强数字经济规则制定能力，加强数字经济领域国际合作，推动制定电子商务等规则，促进建立开放、安全的全球数字经济发展环境，以《全球数据安全倡议》为基础，同各方探讨并制定全球数字治理规则，携手打造开放、公平、公正、非歧视的数字发展环境；提高参与国际金融治理的能力，共同构建公正高效的全球金融治理格局，维护世界经济稳定大局，加强金融监管协调，稳步推动人民币国际化，维护公平开放的全球金融市场。

二、以全球公共品提供促进大国地位提升

（一）讲好脱贫故事，分享发展经验

夯实话语基础，推进中国反贫困事业不断发展。构建一体化的反贫困制度体系，将反贫困事业与新型城镇化战略、乡村振兴战略、收入分配格局调整机制等宏观政策相衔接，将农村低保制度、扶贫开发政策、相关救助制度进行内部整合，对反贫困事业管理体制进行重构和改革，以不断提升反贫困制度的治理效能，进一步减少贫困人口、降低贫困发生率、改善贫困地区和贫困人口的生活水平，推动反贫困事业不断取得新成绩，增强我国在反贫困领域的话语自信，夯实反贫困领域国际话语权的话语基础。

强化话语质量，推动中国特色反贫困理论的创新发展。坚持马克思主义反贫困理论的指导地位，始终站在广大无产阶级的立场上认识和解决贫困问题，充分发挥党在脱贫攻坚中的核心领导作用，坚持以解放生产力和发展生产力为根本途径，以实现共同富裕为目标，不断推进反贫困进程，努力实现马克思主义反贫困理论的时代创新，在事实评价、价值评价和话语表达层面把握"超越'西方中心主义'的逻辑和方法"，深入挖掘中国反贫困事业中的理论、实践和制度逻辑，构建独立自主的中国特色反贫困理论框架体系。

优化话语表达，构建反贫困领域对外话语体系。抓住中国扶贫故事这个重要载体，注重在题材设置、内容挖掘、传播渠道上下功夫，集中展现在反贫困事业中涌现出来的先进个人和集体，凸显中国人民在反贫困过程中的信念、坚守和担当，不断增强中国反贫困制度、理论和道路的说服力

和感染力①。

分享交流减贫经验，实施惠及民生的国际减贫合作项目。同广大发展中国家深化南南减贫合作，加强治国理政经验交流和发展战略对接，提高不发达地区的造血能力，扶植发展民族产业，打造更多扶贫品牌项目和示范工程，实施援外减贫项目，帮助发展中国家破解发展瓶颈。通过搭建平台、组织培训、智库交流等多种形式，开展减贫交流，分享减贫经验。充分利用中国—东盟社会发展与减贫论坛、人类减贫经验国际论坛、中非合作论坛—减贫与发展会议、"摆脱贫困与政党的责任"国际理论研讨会、改革开放与中国扶贫国际论坛等一系列研讨交流活动，传授脱贫扶贫经验，大力援建基础设施、建立职业技术学校、设立技术推广中心，提高不发达地区的造血能力和再生能力。

（二）建设人类命运共同体，破解"四大赤字"

在西方的主流理论中，国与国之间都是为了争取本国利益的最大化，这就导致以主权国家为基石的国际体系所隐含的强权政治逻辑与现代技术和资本发展所需的全球合作之间产生了巨大冲突，从而使得世界出现治理赤字、信任赤字、和平赤字和发展赤字等问题。中国的经济社会体系有显著的制度优势。我们能够利用强大的政治动员、社会动员能力和优势以及各种监控模式，很好地控制新冠肺炎疫情带来的经济社会影响，使经济能够快速复工复产，快速筑底反弹②。因此，中国必须依据本国国情制定政策，为全球治理体系注入新的公平与发展理念，为解决"四大赤字"问题

---

① 秦晓茹，王刚，刘银喜．中国提升反贫困国际话语权的机遇、困境与路径．内蒙古社会科学，2021，42（3）：1-8．

② 刘元春．坚持以我为主稳步推进经济复苏和应对大国博弈．国际金融，2021（2）：3-5．

提供中国方案。

坚持公正合理，破解治理赤字。坚持共商共建共享的全球治理观，坚持全球事务由各国人民商量着办，积极推进全球治理规则民主化。我们要继续高举联合国这面多边主义旗帜，充分发挥世界贸易组织、国际货币基金组织、世界银行、二十国集团、欧盟等全球和区域多边机制的建设性作用，共同推动构建人类命运共同体。

坚持互商互谅，破解信任赤字。坚持求同存异、聚同化异，通过坦诚深入的对话沟通，增进战略互信，减少相互猜疑。要坚持正确的义利观，以义为先、义利兼顾，构建命运与共的全球伙伴关系。要加强不同文明的交流对话，加深相互理解和彼此认同，让各国人民相知相亲、互信互敬。

坚持同舟共济，破解和平赤字。秉持共同、综合、合作、可持续的新安全观，摒弃冷战思维、零和博弈的旧思维，摒弃弱肉强食的丛林法则，以合作谋和平、以合作促安全，坚持以和平方式解决争端，反对动辄使用武力或以武力相威胁，反对为一己之私挑起事端、激化矛盾，反对以邻为壑、损人利己，各国一起走和平发展道路，实现世界长久和平。

坚持互利共赢，破解发展赤字。坚持创新驱动，打造富有活力的增长模式；坚持协同联动，打造开放共赢的合作模式；坚持公平包容，打造平衡普惠的发展模式，让世界各国人民共享经济全球化发展成果。支持对世界贸易组织进行必要的改革，更好建设开放型世界经济，维护多边贸易体制，引导经济全球化更加健康发展。"一带一路"倡议丰富了国际经济合作理念和多边主义内涵，为促进世界经济增长、实现共同发展提供了重要途径。

参考文献

[1] 蔡宏波，姚正远．疫情下如何推动服务贸易高质量发展．国家治理，2021（Z2）：42-47.

[2] 陈瑶雯．"双循环"新发展格局下升级"一带一路"金融支撑体系研究．国际贸易，2021（1）：67-73.

[3] 程贵，李杰．新发展格局下人民币国际化的空间布局研究：以"一带一路"沿线国家为例．金融经济学研究，2021，36（2）：52-66.

[4] 管涛．打造与新发展格局相适应的中国外汇市场体系．清华金融评论，2021（1）：47-49.

[5] 郭锐，廖仁郎．新发展格局下我国沿边地区跨越式发展的战略思考．云南师范大学学报（哲学社会科学版），2021，53（3）：60-71.

[6] 韩国高，高铁梅，王立国，等．中国制造业产能过剩的测度、波动及成因研究．经济研究，2011，46（12）：18-31.

[7] 李盾．自主创新战略下我国技术对外依存度的现状、成因及对策．国际贸易问题，2009（9）：26-30.

[8] 李文星，徐长生，艾春荣．中国人口年龄结构和居民消费：1989—2004．经济研究，2008（7）：118-129.

[9] 李扬，张晓晶."新常态"：经济发展的逻辑与前景.经济研究，2015，50（5）：4-19.

[10] 刘瑞明.金融压抑、所有制歧视与增长拖累：国有企业效率损失再考察.经济学（季刊），2011，10（2）：603-618.

[11] 刘世锦.推动经济发展质量变革、效率变革、动力变革.中国发展观察，2017（21）：5-6，9.

[12] 刘伟，陈彦斌."两个一百年"奋斗目标之间的经济发展：任务、挑战与应对方略.中国社会科学，2021（3）：86-102.

[13] 刘伟，刘瑞明.新发展格局的本质特征与内在逻辑.宏观经济管理，2021（4）：7-14.

[14] 刘伟.坚持新发展理念，推动现代化经济体系建设：学习习近平新时代中国特色社会主义思想关于新发展理念的体会.管理世界，2017（12）：1-7.

[15] 刘伟.践行新发展理念 推动经济高质量发展：学习《习近平谈治国理政》第三卷体会.学习月刊，2020（10）：4-6.

[16] 刘伟.经济发展新阶段的新增长目标与新发展格局.北京大学学报（哲学社会科学版），2021，58（2）：5-13.

[17] 刘伟.经济新常态与供给侧结构性改革.管理世界，2016（7）：1-9.

[18] 刘伟.习近平新时代中国特色社会主义经济思想的内在逻辑.经济研究，2018，53（5）：4-13.

[19] 刘伟.疫情冲击下的经济增长与全面小康经济社会目标.管理世界，2020，36（8）：1-8.

［20］刘伟．中国特色社会主义新时代与新发展理念．前线，2017（11）：127－133.

［21］刘元春，刘晓光，邹静娴．世界经济结构与秩序进入裂变期的中国战略选择．经济理论与经济管理，2020（1）：10－20.

［22］刘元春．"十四五"时期需重点突破的中长期挑战及建议．证券时报，2020－12－05.

［23］刘元春．把握高质量发展的时代要求．人民日报，2021－03－29.

［24］刘元春．读懂双循环新发展格局．北京日报，2021－09－06.

［25］刘元春．供给侧结构性改革的理论逻辑探析．国家治理，2016（12）：36－48.

［26］刘元春．供给侧结构性改革的实施路径．国家治理，2016（13）：37－48.

［27］刘元春．国内国际双循环是相互促进的．北京日报，2020－09－07.

［28］刘元春．扩大内需战略基点需要体系化政策．中国经济评论，2021（3）：10－13.

［29］刘元春．双循环新格局是处理内外矛盾新变化的必然之举．中国经济评论，2020（2）：14－17.

［30］刘元春．正确认识和把握双循环新发展格局．学习时报，2020－09－09.

［31］卢峰，姚洋．金融压抑下的法治、金融发展和经济增长．中国社会科学，2004（1）：42－55.

［32］陆江源，杨荣．"双循环"新发展格局下如何推进国际循环？．

经济体制改革，2021（2）：13-20.

[33] 罗钦月，黄绥彪，刘思含．金融支持"双循环"发展思路和对策．金融经济，2021（4）：84-89.

[34] 马建堂，赵昌文．更加自觉地用新发展格局理论指导新发展阶段经济工作．管理世界，2020，36（11）：1-6.

[35] 秦晓茹，王刚，刘银喜．中国提升反贫困国际话语权的机遇、困境与路径．内蒙古社会科学，2021，42（3）：1-8.

[36] 孙恒有，聂欢．双循环新发展格局下中国自由贸易试验区体制机制创新的瓶颈与对策．对外经贸实务，2021（5）：10-13.

[37] 习近平．推动形成优势互补高质量发展的区域经济布局．求是，2019（24）：4-6.

[38] 习近平．关于社会主义经济建设论述摘编．北京：中央文献出版社，2017.

[39] 习近平．深刻认识建设现代化经济体系重要性 推动我国经济发展焕发新活力迈上新台阶．人民日报，2018-02-01.

[40] 习近平．习近平谈治国理政：第3卷．北京：外文出版社，2020.

[41] 习近平．把握新发展阶段，贯彻新发展理念，构建新发展格局．当代党员，2021（10）：3-9.

[42] 习近平．共担时代责任，共促全球发展．人民日报，2017-01-18.

[43] 习近平．关于《中共中央关于制定国民经济和社会发展第十三个五年规划的建议》的说明．共产党员，2015（23）：9-14.

［44］习近平．坚定信心 共谋发展．人民日报，2016－10－17.

［45］习近平．论中国共产党的历史．北京：中央文献出版社，2021.

［46］习近平．树立改革全局观积极探索实践 发挥改革试点示范突破带动作用．人民日报，2015－06－06.

［47］习近平．在经济社会领域专家座谈会上的讲话．上海经济研究，2020（10）：9－11.

［48］习近平．在中国科学院第十七次院士大会、中国工程院第十二次院士大会上的讲话．人民日报，2014－06－10.

［49］习近平．正确认识和把握中长期经济社会发展重大问题．求知，2021（2）：4－7.

［50］习近平2015年2月10日主持召开中央财经领导小组第九次会议时指出 真抓实干主动作为形成合力 确保中央重大经济决策落地见效．理论学习，2015（3）：1.

［51］习近平主持召开中央全面深化改革委员会第十五次会议强调 推动更深层次改革实行更高水平开放为构建新发展格局提供强大动力．中国纪检监察，2020（18）：4.

［52］辛冲冲，陈志勇．中国基本公共服务供给水平分布动态、地区差异及收敛性．数量经济技术经济研究，2019，36（8）：52－71.

［53］欣斯利．新编剑桥世界近代史：物质进步与世界范围的问题1870—1898（第11卷）．中国社会科学院世界历史研究所组，译．北京：中国社会科学出版社，1987.

［54］徐朝阳，白艳，王韡．要素市场化改革与供需结构错配．经济研究，2020，55（2）：20－35.

［55］中共中央文献研究室．习近平关于科技创新论述摘编．北京：中央文献出版社，2016．

［56］中共中央宣传部．习近平总书记系列重要讲话读本（2016 年版）．北京：学习出版社，人民出版社，2016．

［57］中国共产党第十九届中央委员会第五次全体会议公报．共产党员，2020（21）：4．

图书在版编目（CIP）数据

以双循环战略转型为契机加速构建新发展格局 / 刘
元春，范志勇著 . -- 北京：中国人民大学出版社，
2022.9
（中国式现代化研究丛书 / 张东刚，刘伟总主编）
ISBN 978-7-300-30974-3

Ⅰ.①以… Ⅱ.①刘… ②范… Ⅲ.①中国经济-经
济发展-研究 Ⅳ.①F124

中国版本图书馆 CIP 数据核字（2022）第 173845 号

中国式现代化研究丛书
张东刚　刘　伟　总主编

以双循环战略转型为契机加速构建新发展格局
刘元春　范志勇　著
Yi Shuang Xunhuan Zhanlüe Zhuanxing wei Qiji Jiasu Goujian Xin Fazhan Geju

---

出版发行	中国人民大学出版社		
社　　址	北京中关村大街 31 号	邮政编码	100080
电　　话	010 - 62511242（总编室）		010 - 62511770（质管部）
	010 - 82501766（邮购部）		010 - 62514148（门市部）
	010 - 62515195（发行公司）		010 - 62515275（盗版举报）
网　　址	http://www.crup.com.cn		
经　　销	新华书店		
印　　刷	涿州市星河印刷有限公司		
规　　格	165 mm×238 mm　16 开本	版　　次	2022 年 9 月第 1 版
印　　张	12.75 插页 2	印　　次	2022 年 11 月第 2 次印刷
字　　数	135 000	定　　价	45.00 元